Liz Howard

Als Eva noch mit Äpfeln warf

Soulfood für Frauen

Kösel

Ich widme dieses Buch Mama Universum
für ihre Führung, ihre Weisheit, ihre Wahrheit.

Verlagsgruppe Random House FSC-DEU-0100
Das für dieses Buch verwendete FSC®-zertifizierte Papier
Munken Print White liefert Arctic Paper Munkedals AB, Schweden.

Copyright © 2012 Kösel-Verlag, München,
in der Verlagsgruppe Random House GmbH
Umschlag: Weiss Werkstatt, München
Umschlagmotiv: Orla Connolly, München
Druck und Bindung: Těšínská tiskárna, Český Těšín
Printed in the Czech Republic
ISBN 978-3-466-30962-7

www.koesel.de

Inhalt

Vorwort

Liebe Leserinnen,

obwohl ich es nicht gut finde, dass sich Frauen grundsätzlich erst einmal für alles entschuldigen, entschuldigt bitte, dass ich mit euch in meinem Buch per Du sein möchte. Oder wie ein berühmter deutscher Politiker zu sagen pflegte: »*You can say you to me too.*« Ich hoffe, ihr gebt mir dafür euren Segen. Das Du bringt uns näher zusammen und wir lernen uns auf einer anderen Ebene besser kennen.

Dieses Buch habe ich für alle Frauen geschrieben, die wie ich das tiefe und zugleich verunsichernde Gefühl in sich tragen, dass unter uns irgendetwas nicht mehr mit rechten Dingen zugeht. Was ist aus den Mädchen und Frauen geworden, die sich vor Jahren noch in einer eingeschworenen Gemeinschaft verbündet hatten und ihre Weiblichkeit mit Stolz und Würde trugen? Warum bekämpfen so viele von uns sich gegenseitig, statt sich zu unterstützen? Zickenkrieg in der Arbeit, Mobbing in der Schule, abschätzende Blicke und Lästereien. Ich möchte euch von meinen persönlichen Erfahrungen mit den unterschiedlichsten Frauen erzählen. Mein Wunsch ist es, euch damit zu berühren, vielleicht wachzurütteln, zum Lachen zu bringen und euch zu inspirieren: zu mehr Solidarität unter Frauen, zu mehr Liebe zu euren Schwestern und zu euch selbst.

Soulfood – was ist das eigentlich?

Soulfood bezeichnet die traditionelle Küche der Afroamerikaner in den Südstaaten. Die Gerichte sind einfach und nahrhaft, nicht gerade kalorienarm, aber unbedingt etwas für die Seele! Soulfood ist aber auch ein Synonym für einen anderen süßen Geschmack: Familie.

Verknüpft wird diese »Kalorienbombe« daher nicht nur mit den unglaublichen Gaumenfreuden von über Generationen überlieferten Rezepten. Vielmehr steht Soulfood für eine heitere Sonntagsstimmung, für ein rundum sättigendes Gefühl von Zuhause. Während sich die Kinder noch vor dem Kirchgang in ihren Betten räkeln, stehen Mamas, Omas und Tanten längst in der Küche. Das ganze Haus ist schon morgens erfüllt von einer duftenden Mischung aus *Coconut Cream Pie, Barbecue Chicken, Turkey & Dressing, Sweet Potato Pie, Maccaroni & Cheese* und *Corn Bread.*

Jeder Sonntag ist in den Südstaaten ein kleiner Festtag: Die ganze Familie trifft sich nach der Kirche – sitzt zusammen, schwatzt, lacht, singt und isst gemeinsam über Stunden hinweg. Bei so vielen Leckereien, die zu Hause auf hungrige Münder warten, ist es kein Wunder, dass die Kinder gerne ein Stoßgebet für ein baldiges Ende der Predigt gen Himmel schicken.

Allein der Klang des Wortes Soulfood ist Nahrung für meine Seele. Ihr werdet im Laufe des Lesens jedoch feststellen, dass für mich die Worte Kindheit und Familie nicht immer nur schöne Erinnerungen hervorrufen – im Gegenteil. Glaubt also nicht, ich wäre sentimental und wollte Bilder einer unrealistischen heilen Familienwelt heraufbeschwören. Doch ob ihr heute Soulfood in eurem Leben habt oder nicht, hängt nicht davon ab, wie es früher gewesen ist. Es hängt davon ab, wer ihr *heute* seid: **Ob ihr euch selbst die Nahrung gebt, die eure Seele braucht.** Ob ihr ja sagt zu euch selbst und eurem Frausein. Vielen von uns ist das von anderen Menschen ausgetrieben worden. Doch wir können wieder lernen, uns und andere Frauen (und auch die Männer!) wertzuschätzen, uns zu feiern und uns gegenseitig Kraft zu geben, egal, ob im Beruf, unter Müttern, Freundinnen und Schwestern, ob als junge oder reife Frau, Single oder frisch verliebt.

Mit den nächsten Seiten will ich euch dabei unterstützen.

Euch wünsche ich ein rundum Appetit anregendes und inspirierendes Leseerlebnis, und damit diese Lektüre vollkommen wird, habe ich euch noch ein paar alte Rezepte aus meiner Zeit in New Orleans beigefügt. **Enjoy your soulfood!**

Prolog

Evas Apfel

Im Paradies

Als ich noch in New Orleans lebte, ärgerte mich mein Ex-Freund oft mit dem blöden Spruch: »Ihr Frauen hättet eben nicht in den Apfel beißen sollen!« Er sagte das immer, wenn ich in Bezug auf Frauen aufgebracht war, z.B. wenn eine Frau an der Wahl für einen Senatorenposten gescheitert war. Egal, was es war, er hatte immer den gleichen Satz für mich parat, um mich zu veralbern: »Ihr Frauen hättet eben nicht in den Apfel beißen sollen!« Er wusste wirklich genau, wie er mich auf die Palme bringen konnte. Grrrr!

Also lasst mich ein wenig über das »Was wäre gewesen wenn« fantasieren. Wie wäre es wohl gewesen, wenn der Garten Eden mit seiner Schönheit, seiner wohligen Wärme, seinen riesengroßen grünen Blättern, seiner erstaunlichen und berauschenden Vielfalt an Blumen, Bäumen und Feigenblättern, wenn dieses Paradies nur für Frauen entworfen worden wäre? Ein wahres Paradies für Frauen in unterschiedlichsten Formen, Größen und Farben. Frauen, die einander hilfsbereit gegenseitig die Feigenblätter geraderichteten. Die in Frieden miteinander diesen wunderschönen Ort teilen würden. Was wäre, wenn Gott vergessen hätte, Adam zu erschaffen? Oder ihn vielleicht etwas später zu uns geschickt hätte, damit wir die Möglichkeit gehabt hätten, uns zuerst selbst besser kennenzulernen? Alle Evas im Paradies hätten sich mit Freuden zusammengetan, um zuerst einen großen Ast von diesem alten Baum zu reißen und damit diese alberne Schlange zu vertreiben! Manche würden sagen, tut der Schlange nichts zuleide, wir sind im Paradies. Aber wäre ich die Chef-Eva gewesen, hätte ich zu meinen Schwestern gesagt: »Tötet die Schlange! Lasst uns einen Gürtel daraus machen, damit diese blöden Feigenblätter nicht immer rutschen.«

Dann wäre da aber immer noch dieser Apfelbaum. Meine erste Frage an euch lautet: »Warum heißt der Adamsapfel im Hals eines jeden Mannes Adamsapfel?« In meiner Fantasie kann ich deutlich vor meinem inneren Auge sehen, wie Adam dann doch noch das Paradies betritt, gar nicht darüber nachdenkt, was man mit einem Apfel alles anstellen könnte, sondern einfach vor lauter Hunger einen frischen vom Baum pflückt und einen riesigen Bissen davon nimmt. Wir hätten ja, wie wir es schon immer getan haben, heimlich nur die herabgefallenen Früchte genommen und sie zu den herrlichsten Gerichten verarbeitet. Meine Eva-Schwestern wären da sehr kreativ gewesen: »Lass sie uns rösten«, »Lass sie uns zerdrücken«, »Lass sie uns mit Feigen mischen!« Wir hätten den Apfel auch in kleine Portionen unter uns aufgeteilt und keine so großen Stücke davon in den Mund geschoben, dass man sie heute noch sehen kann. Ich weiß, es ist nur eine Fantasie, wie es gewesen sein könnte. Die Bibel erzählt die Geschichte von Adam und Eva ja ganz anders. *Aber:* Wenn dieser fremde Adam in unser herrliches Paradies gekommen wäre und mit einem Blick auf den Bauch einer unserer Eva-Schwestern gesagt hätte: »Du siehst heute ein wenig aufgebläht aus! Geht's dir nicht gut?« Alle Evas hätten sich hinter diese eine gestellt und sie angefeuert: »Wirf ihn! Nicht essen! Werfen!« Hätte ich doch jedes Mal jemanden in meinem Rücken und einen Apfel zur Hand gehabt, wenn mein Ex-Freund mal wieder seinen Spruch sagte!

Zusammenhalt unter Frauen

Als junges Mädchen wusste ich zwei Dinge genau. Oder vielleicht doch drei. Erstens: Ich würde eines Tages vor einem wirklich großen Publikum stehen und meine Stimme auf irgendeine Art und Weise einsetzen. Zweitens: Mein Bruder hatte etwas, das ich heute das »Männerprivileg« nennen würde, und das war unfair! Da ich in einer Familie aufwuchs, in der eine Mutter ihre beiden Kinder, Bruder und Schwester, alleine großzog, hörte ich als Mädchen und später auch als junge Frau oftmals die Sätze: »Er ist eben ein Junge, er kann das machen, aber bei dir geht das auf gar keinen Fall.« Ich meine, und Gott möge dich segnen, liebe Mama, was ist das für ein riesiger Blödsinn! Und schließlich wusste ich drittens: Die Mädchen in unserer Nachbarschaft, Mann, oh Mann, das war wirklich eine eingeschworene Gemeinschaft. Und ich bewunderte sie dafür.

Leider war ich nicht immer ein Teil dieser Gemeinschaft, eher eine Außenseiterin, die nur von Zeit zu Zeit bei Fangen, Seilspringen, Verstecken mitspielen durfte. Einerseits vielleicht, weil ich eine sehr strenge Mutter hatte, die mir lediglich ein einziges Mal erlaubt hatte, dass eine Freundin bei mir übernachten durfte. Andererseits war ich aber auch tatsächlich vom Typ her eher eine Außenseiterin; jemand, der immer dann mitspielen darf, wenn von der Stammbesetzung gerade jemand fehlte. Ja, ich bewunderte sie für ihre Stärke, ihren Mut und vor allem für ihren starken Zusammenhalt. Wenn ein junger Mann dumm genug war, sich mit ihnen anzulegen, hielten sie sich instinktiv bei den Händen, wurden eins und drohten, den armen Kerl zu vermöbeln: »Leg dich nicht mit uns an!« Woraufhin alle anderen laut mit einfielen: »Wir haben keine Angst vor dir«, und die ganze Clique schrie dann im Chor: »*Yeah!* Leg dich nicht mit uns an!«, »Komm nur!«, und »Wir haben keine Angst vor dir!«. Der Klang dieser Stimmen war beinahe wie ein Lied mit einem besonders starken und eindringlichen Text, eigens nur für den Zweck komponiert, den Gegner spüren zu lassen, sich besser nicht mit einer solchen Truppe anzulegen.

Vielleicht hätte ich die Mädels einmal mit zu meinem Nachbarn nehmen sollen, denn in dessen Garten standen die besten Apfelbäume der Gegend. Die Äpfel an diesen Bäumen waren fest, knackig und etwas säuerlich. Wenn ich welche bekam, aß ich sie oft mit einer Prise Salz, der Geschmack war geradezu himmlisch. Gegen die Jungs wären sie ideal zum Werfen gewesen.

Ich erinnere mich auch daran, dass wir uns als junge Mädchen noch gegenseitig Komplimente über alle möglichen Dinge machen konnten, selbstlos und ohne uns Gedanken zu machen, ob uns diese Komplimente am Ende etwas kosten würden oder wir dabei etwas verlieren mochten. Zurückblickend lebten wir damals fast ohne Sorgen. O.k., meine einzig wirklich große Sorge bestand wahrscheinlich in der Bewältigung all meiner täglichen Aufgaben im Haushalt wie Geschirr abwaschen, bügeln, putzen, staubsaugen und so weiter. Vielleicht auch darin, wie ich meine Finger von McDonald's überaus leckerem Erdbeer-Milchshake lassen konnte. Oh, wie liebte ich damals Erdbeeren oder ein doppelt in Schokolade getauchtes Softeis von »Dairy Queen« oder – oh Gott, schenke mir Kraft! O.k., bis auf diese wenigen Ausnahmen war ich also relativ unbesorgt. Beispielsweise machte ich mir überhaupt keine Gedanken über die Konsequenzen meiner Schokoladen- und Eisgelage. Ich dachte weder an Kalorien noch an Cellulitis. Zum Teufel, ich wusste ja noch nicht einmal, wie man diese Worte buchstabiert! Hatte ich auch nur die leiseste Ahnung davon, dass Erdbeeren und Softeis mit Schokoladenmantel meinen Hintern auf die Größe eines doppelstöckigen Reisebusses anwachsen lassen können? *Nein*, und es machte mir auch überhaupt nichts aus.

Auf meinem fast fünf Kilometer langen Spaziergang zur nächsten Filiale von »Dairy Queen« trug ich damals meistens mein in allen Farben des Regenbogens geblümtes Sommerkleid und hatte die Haare zu zwei Zöpfen geflochten. Alle paar Meter überprüfte ich, während mir schon das Wasser im Mund zusammenlief, ob sich meine 25 Cents noch in der kleinen eingenähten Tasche meines Kleides befanden. Ich ließ die Münzen klimpernd durch meine Finger gleiten oder hielt sie einfach nur fest, damit sie nicht durch eventuelle kleine Löcher in den Taschen verschwinden konnten. Dabei hatte ich nur einen einzigen wichtigen Gedanken im Kopf: Hoffentlich war dort wieder einmal ein ganz neuer Eisverkäufer eingestellt worden, bei dem man ziemlich sicher sein konnte, dass er aufgrund mangelnder Erfahrung die Mengen noch nicht abschätzen konnte und ich deshalb mehr Eiscreme bekommen würde als üblich. Bitte, lieber Gott, lass dort einen gaaaaanz neuen Eisverkäufer sein, ja? Entschuldigt bitte, aber immer, wenn ich an Schokolade denke, schweifen meine Gedanken ein wenig ab. Lasst uns zurückkehren zu meiner Bewunderung für die Gemeinschaft der Frauen von damals.

Hier ist jetzt meine Frage an euch, die eine Frage, welche ich mir immer wieder stelle, die ich die »berühmte Frauenfrage« nenne: **Ihr Frauen da draußen in der Welt, was ist mit uns geschehen?** Wann haben wir diesen Geist in uns verloren, der uns zusammenhalten ließ und die Worte in uns formte: »Junge, ich werde dir in den Hintern treten, wenn du meine Schwester nicht in Ruhe lässt! Ich habe keine Angst vor dir!« Wann haben wir damit angefangen, uns nur noch bezüglich unserer Cellulite zu vergleichen und zu beurteilen? Wann haben wir damit aufgehört, ein Eis wirklich genießen zu können? Und wann – zum Donnerwetter noch mal – haben wir mit dem Unsinn angefangen, uns beim Schokoladeessen schuldig zu fühlen? Denn ehrlich, ich liebe all diese tollen männlichen Wesen wirklich sehr, aber manchmal muss es einfach eine leckere, herrliche, süße Tafel dunkler Schokolade sein.

Mit der Zeit wurde diese Frage zu meinem Mantra, wandelte sich zu einer inneren Revolution, meiner inneren Revolution. Ich arbeite mit Frauen, ich versuche alles, um diese Frauen zu achten, aber natürlich falle ich immer wieder auf die Nase mit diesem ganzen weiblichen Konkurrenzdenken untereinander. Also beschloss ich, hinauszugehen, zu suchen, zu fragen, zu fühlen und am Ende zu verstehen: Was machen wir heute anders als noch vor dreißig oder vierzig Jahren? Wann passierte es das letzte Mal, dass ich aufstand und mich gegen Jungs wehrte, die andere Frauen ärgerten oder gar verletzten, so wie damals vor vielen Jahren? Ich habe vor Kurzem gelesen, dass *wir* einst vor langer Zeit die Chefs waren; wir saßen an Tischen und aßen, was ich übrigens heute noch mitunter am liebsten mache, trafen dabei Entscheidungen, lösten Probleme, umarmten uns und lachten, berieten uns über die Zukunft und selbstverständlich teilten wir eine sehr heilige und wichtige Sache: **unsere Liebe und unseren Respekt voreinander.**

Ihr habt sicherlich schon bemerkt, dass wir aufgehört haben damit zu drohen, den Jungs den Hintern zu versohlen. Denn wir treten uns jetzt selbst gegenseitig in den Hintern. Ich hatte also eine Entscheidung darüber zu treffen, wie ich diesem Thema begegnen soll, weil es beginnt, mir immer mehr Herzschmerzen zu bereiten. Etwas sehr tief in mir schmerzt, in meiner weiblichen Intuition. Und wenn ich über diese Weiblichkeit spreche, fühlt es sich wie etwas noch Tieferes in mir selbst an, etwas wirklich Ursprüngliches in uns Frauen, das brachliegt und uns nun aus der Vergangenheit heraus lauernd betrachtet. O.k., haltet mich für verrückt, aber etwas scheint meinem Unterbewusstsein zuzuflüstern: »Das alles ist nicht richtig, so wie es im Moment läuft!« Deshalb stehe ich jetzt hier und beginne meine Reise, um möglichst viele Frauen danach zu fragen, was wir ändern sollten. Ob es überhaupt eine Möglichkeit gibt, diesen Prozess zu verändern? Ist es wirklich ein Zickenkrieg, oder ist es nur eine Modeerscheinung, die wir den Medien abkaufen sollen? Müssen wir alle die gleichen Schuhe haben, denselben Lippenstift nehmen und Größe 34 tragen? Oder aber sitzt dieses Verhalten weitaus tiefer in uns Frauen, als wir vermuten, und müssen wir dieses Phänomen aus verschiedenen Blickwinkeln heraus beleuchten?

Ich habe im Folgenden eigene Erlebnisse zusammengetragen – manche sind zum Lachen, andere eher zum Weinen oder Wundern – und mit Interviewpartnern und -partnerinnen gesprochen. Am liebsten würde ich mich mit jeder Einzelnen von euch hinsetzen und bei einer leckeren Tasse Tee oder Kaffee über Frausein, Zusammenhalt und Konkurrenz sprechen. Was brauchen wir, um als Frauen aufzuhören, selbst unser größter Feind zu sein? Um wieder wahrhaft zu Schwestern zu werden? Ich hoffe, ihr setzt euch mit Freundinnen, Kolleginnen, Müttern, Töchtern, Großmüttern, Bekannten, Nachbarinnen oder auch ganz unbekannten Frauen zusammen, um über diese Themen zu sprechen. Wenn mein Buch dazu führen könnte, hätte es sein Ziel erreicht.

REZEPT

Evas knackiger Apfelkuchen

Ich dachte, ich werde noch verrückt bei der Suche nach alten Soulfood-Rezepten, die auch ein wenig gesund sind. Doch dann entschloss ich mich, euch eines meiner Lieblings-Soulfood-Rezepte zu verraten. Ab heute hat es auch einen neuen Namen. Ich werde es *Evas knackiger Apfelkuchen* nennen.

Ihr benötigt eine Auflaufform, vorzugsweise aus Glas. Ich benutze immer Glas für die Knackigen, weil ich einfach das Gefühl habe, sie schmecken besser. Außerdem könnt ihr dann zuschauen, wie euer Nachtisch so schön vor sich hinblubbert, während es wundervoll zu duften beginnt.

Dieses Dessert ist eine Kalorienbombe! Achtet also bitte darauf, am Abend vor dem Verzehr irgendeine Art von sportlicher Aktivität einzuplanen. Ich würde mit einer bis eineinhalb Stunden rechnen! Und los geht's:

- 750 g Mehl
- ½ TL Salz
- 5 EL brauner Rohzucker
- 2 frische Vanillestangen
- 1 Zimtstange
- 1 TL Vanillinzucker
- 2 EL Ahornsirup
- 125 ml Sahne
- 5 rote Äpfel geschält und geschnitten
- 125 g geschmolzene Butter

Heizt den Backofen schon einmal auf 180° C vor.

O.k., mischt das Mehl, Salz und 2 EL braunen Rohzucker und den Inhalt einer frischen Vanillestange langsam mit einer Gabel. Fügt die Hälfte der zerlassenen Butter dazu und rührt, bis der Teig krümelig ist. Manchmal ein wenig mehr Butter, manchmal weniger. Nehmt die eine Hälfte vom Teig und formt sie mit der Faust oder den Knöcheln in den Boden und die Seiten der Schüssel. Meine ist ungefähr so groß wie eine Seite DIN-A4-Papier. Die andere Hälfte des Teigs brauchen wir später.

Nun schichtet die Äpfel auf den Teig, streut den restlichen braunen Zucker und den Ahornsirup darüber, legt die Vanillestange und die Zimtstange (im Ganzen!) auf die Äpfel, gießt die Sahne darüber und dann bröselt den restlichen Teig über die Äpfel wie Streusel. Dann tröpfelt die restliche geschmolzene Butter gleichmäßig über den Teig. Ihr braucht vielleicht nicht die ganze restliche Butter, macht es einfach nach Gefühl.

Jetzt aber rein damit in den vorgeheizten Ofen, etwa eine Stunde lang, bis die obere Seite goldbraun blubbert. Ich serviere diesen Nachtisch mit Vanilleeiscreme – es ist ein Traum! Meine Freunde beschweren sich immer, dass es eine Kalorienbombe sei, um kurz darauf noch einen zweiten und dritten Nachschlag zu fordern!

Alternativ könnt ihr auch fettarmes Vanilleeis nehmen und es als kalorienreduzierten Nachtisch anbieten. Dann genügen fünfundvierzig Minuten Sport am Vorabend. Viel Spaß!

Soulfood

für Frauen im Beruf

Erste Schritte in die Welt der Musik

Alle Welt spricht heute von Zickenkrieg. Frauen bekriegen sich, intrigieren und lästern, verschaffen sich Vorteile und versuchen, in eine andere, eine männliche Rolle zu schlüpfen. Mein Gefühl sagt mir, dass das Wort Zicke – auf alle Fälle für mich – oft auch bedeuten kann: **Diese Frauen sind sehr unglücklich und haben noch nicht den Mut aufgebracht, auf ihre Träume zu hören und ihnen zu folgen.** Sonst würden sie doch bestimmt den anderen gönnen, ihr Leben zu genießen, oder was meint ihr?

Wenn das wirklich wahr ist, darf ich euch eines mit auf den Weg geben: Ich habe meinen Traumjob erst etwas später im Leben gefunden. Zuerst habe ich getan, was meine Mama mir sagte. Nein, das ist jetzt nicht ganz richtig. Sie wollte nämlich immer, dass ich bei einer Fluggesellschaft arbeite, damit sie an die Freiflüge kommen konnte. Daraus wurde aber nichts, denn nach dem Schulabschluss ging ich auf die Hotelfachschule und arbeitete mich dort Stufe um Stufe auf der Karriereleiter nach oben. Sie hätte es aber dann doch beinahe geschafft, denn während meiner Zeit im Hotel von New Orleans lernte ich eine fantastische Frau kennen, die eine Zeit lang jeden Morgen bei uns im Restaurant frühstückte. Und zwar reichlich oder wie wir in USA sagen würden: Sie aß wie ein Pferd. Kaffee, Spiegeleier mit Speck, Maisbrei, Bisquits (eine amerikanische Art von Brötchen), Orangensaft, Zimtschnecken und vieles mehr. Auf meine Frage hin, wie sie es bei einem solchen Frühstück anstellte, so schlank zu bleiben, behauptete sie, mit Sport und Training. Sie war nach New Orleans gekommen, um neues Personal für eine Fluglinie zu rekrutieren, und nachdem wir uns während ihrer Frühstücksorgien ein wenig angefreundet hatten, hielt sie mich für eine perfekte Kandidatin für diesen Job. Doch eine innere Stimme sagte mir damals: Tu es nicht!

Ich hatte nie den Mut aufgebracht, meiner Mutter zu sagen, dass ich eigentlich Sängerin werden wollte, sodass sie nie von meinen Träumen erfuhr, die ich jahrelang in meinem Herzen trug. Ich war bereits in München angekommen und als Sängerin auf der Bühne aktiv. Aber bevor sie die Chance bekam, mich live auf der Bühne zu erleben, war meine Mutter bereits gestorben. Nach Deutschland zu gehen war nach dem Eintritt ins Hotelgewerbe ein weiterer Schritt, um die Nabelschnur zu meinem bisherigen Leben endgültig zu durchtrennen. Ich wanderte aus und hatte Tausende von Kilometern Abstand zu meinem Elternhaus und dessen Erwartungen. Einmal quer über den Ozean zu fliegen sollte endlich den Weg zu meinen Wunschträumen ebnen und tatsächlich war es genau hier in Deutschland, wo mein größter Wunschtraum endlich wahr zu werden begann: mein Leben als Sängerin!

Den entscheidenden Anstoß dazu gab eine Situation auf der Hochzeit meiner Freundin. Ich war als Brautjungfer für die Begleitung und Betreuung der Braut verantwortlich und falls ihr nicht wisst, was alles dazugehört, darf ich euch ein wenig auf die Sprünge helfen: Da das Brautkleid so ausladend ist, kann die Braut sich selbst nicht alleine »die Nase pudern«. Wir waren also ständig zusammen auf der Toilette und mussten wegen der umständlichen Verrenkungen, um das Kleid sauber zu halten, sehr viel lachen. Ich hungerte gerade für eine 36 und es hatte sich gelohnt, denn ich trug ein pinkfarbenes, rückenfreies Satinkleid, zu welchem ich eine Ewigkeit nach den passenden Schuhen gesucht hatte. Die Trauzeremonie war musikalisch ein Alptraum. Zwei Sängerinnen versuchten sich vergeblich an einer Version von »Ave Maria« von Gounod. (Ich kann nicht verstehen, warum so viele Paare sich auch heute noch dieses traurige Lied wünschen!) Zum Sektempfang war ich endlich an der Reihe und sang ein Lied als Überraschung – »The Rose« von Bette Midler. Der Vater meiner Freundin kam nach meinem Auftritt auf mich zu, nahm mich beiseite und sagte mir, ich solle meine Stimme und mein Talent viel ernster nehmen, als ich es im Augenblick täte. Das gab mir schlussendlich den Auftrieb und die Stärke, mir einen Lehrer zu suchen und danach auch Gesang zu studieren. Meine Freundin ist übrigens leider schon sehr früh mit einunddreißig Jahren gestorben und ich war darüber unsagbar traurig. Doch ihre Hochzeit und die ermutigenden Worte ihres Vaters gaben den Startschuss für meine Karriere.

Ich bin ihrem Papa heute noch unendlich dankbar. Damit gab er meiner Seele den Anstoß, sich zu erheben und meine Ängste zu besiegen, damit ich frei heraus singen konnte. Es war, als hätte er mir mit seiner weichen, tiefen Bassstimme zugeflüstert: Es ist o.k., Liz, steh auf und singe. Tu es! Wenn ich einmal sterbe, möchte ich es in der Gewissheit tun, dass meine Wahl zu leben genau die richtige war, weil sie mir so viel Freude und Glück bereitet hat. Obwohl ich einige ziemlich falsche Entscheidungen auf meinem Lebensweg getroffen habe – ich kann wirklich nicht gut Landkarten lesen und oft, wenn mich jemand anwies, nach links abzubiegen, habe ich die rechte Abzweigung gewählt –, habe ich doch am Ende meinen Weg nach Hause zu mir selbst gefunden. Endlich war ich also angekommen in meiner Welt der Musik und sang Galas im »Nachtcafé« und im »Bayerischen Hof« in München. Tagsüber arbeitete ich im Hotelfach und abends sang ich.

Und wie sieht es mit euch aus? Seid ihr bereit, aufzustehen und euch euren Ängsten zu stellen und dann frei heraus zu singen? **Ihr dürft es, gebt euch selbst die Erlaubnis, macht es einfach!** Das Wunderbare daran ist, dass es für die Entscheidung, sein Leben zu ändern und seiner Bestimmung zu folgen, nie zu spät ist. Hört ihr, *nie*!

Das Hotel

In Deutschland angekommen, war ich zunächst als Abteilungs-leiterin in einem Hotel angestellt. Damals gab es unter den lei-tenden Angestellten eine Frau, für welche die Bezeichnung »hinterhältig« noch wie ein Kosename wirkt – kurzum: Sie machte mir damals das Leben mit ihrer herablassenden und schnippischen Art zur Hölle! Die folgende Begebenheit illus-triert sehr gut ihre Art, mit mir umzugehen. Es war in der Weih-nachtszeit und sie hatte von ihren Eltern ein Paket mit Süßig-keiten und anderen Kleinigkeiten erhalten. Irgendjemand hatte aus diesem Paket etwas gestohlen, und jetzt unterhielt sie sich aufgebracht mit einer anderen Kollegin. Laut sagte sie: »Das war bestimmt ein Ausländer!« Da ich bei den beiden stand und au-ßer mir sonst kein Ausländer in dem Hotel arbeitete, fragte ich höflich: »Und die Deutschen klauen nicht?« Ich bekam keine Antwort, aber ich denke, dass sie generell keine Ausländer mochte, und mich mochte sie wahrscheinlich darüber hinaus deshalb nicht, weil ich mit meiner Südstaaten-Gastfreundlich-keit von meinen Gästen sehr viel Lob bekam. Meine persönli-chen Lob- und Kritikkärtchen waren sehr positiv und manch-mal brachten mir Stammgäste bei ihrem nächsten Besuch sogar kleine Geschenke mit. Vielleicht war es aber auch nur Rassis-mus wegen meiner Hautfarbe.

Der für mich schlimmste Vorfall ereignete sich, als diese Kol-legin für alle Mitarbeiter einen Ausflug zu planen hatte. Ich war bei der Teamsitzung damals nicht anwesend und so erfuhr ich erst hinterher eher zufällig davon (»Oh, übrigens: Kommst du auch mit auf den Ausflug?«). Alle meine Kollegen waren einge-laden, aber mir gegenüber hatte sie nach der Teamsitzung keine persönliche Einladung ausgesprochen. Da ich zudem damals die einzige Ausländerin im Team war, könnt ihr euch meine Ge-fühlslage vielleicht ein wenig ausmalen. Also wartete ich einige Tage ab. Als ich dann immer noch nicht eingeladen worden war, raffte ich meinen ganzen Mut zusammen und beschloss, dieses miese Gefühl meinem Boss anzuvertrauen, um vielleicht einen guten Rat zu bekommen, wie ich mich der Kollegin gegenüber verhalten sollte. Ich schüttete ihm mein Herz aus. Doch anstelle von Mitgefühl oder Ratschlägen oder was man sich eben von seinem Chef so erwartet, erntete ich von Mr. Big-A lediglich Desinteresse, Unverständnis und Hohn. Ehrlich, er lächelte einfach nur abschätzig und tat das Ganze als Lappalie ab! Schlimmer jedoch war der nicht mit Worten zu beschreibende Vertrauensbruch. Innerhalb von vierundzwanzig Stunden war meine traurige Gefühlswelt auch noch die wichtigste neue Zutat für die Gerüchteküche des Hotels. Alle Abteilungsleiter wussten darüber Bescheid, dass ich mich meinem Chef anvertraut hatte. Ihr seht also: Ich habe am eigenen Leib erfahren, dass sehr viel Mut dazugehört, sich zum einen zu öffnen und zum anderen herauszufinden, wer nicht zu deinen wahren Fans zählt. Die Frage lautete also: Gehöre ich wirklich hierher? Ist das meine Bestimmung? Möchte ich diesen Job mein ganzes restliches Leben lang machen oder gibt mir das Leben gerade einen mächtigen Wink? Ich folgte diesem Ruf, den ich im Nachhinein betrachtet für den wichtigsten Weckruf meines Lebens halte.

Ich bin dann nicht mit auf den Ausflug gegangen, obwohl ich noch eine offizielle Einladung erhielt. Kurz darauf verließ ich dieses Hotel und das war die beste Entscheidung, welche ich jemals getroffen habe. Dabei bin ich gerade für diesen speziellen Zickenkrieg sehr dankbar, weil er mir letztlich dazu verhalf, die wohl wichtigste Entscheidung meines weiteren Lebens zu treffen. Denn in dieser Situation fragte ich mich erstmals ernsthaft: Richte ich mich weiterhin nach den Wünschen und Zielen meiner Mutter, einen sicheren und bodenständigen Beruf auszuüben? Oder lebe ich mein eigenes Leben, ganz gleich, was passiert oder ob ich das schaffe. Und hatte ich Angst vor dieser Entscheidung? Ja! Während ich dort im Hotel meinem Hauptberuf nachgegangen war, hatte ich nebenbei zwar schon erste zaghafte Wurzeln in der Musikszene geschlagen. Doch ob ich davon würde leben können, stand in den Sternen. Heute kann ich mit einem guten Gefühl und voller Dankbarkeit zurückblicken, weil ich meine wahre Berufung gefunden habe, die ich von Herzen liebe und welche mich erfüllt: musikalische Vorträge, Coaching und natürlich mein Gesang. All diese Dinge tue ich aus tiefstem Herzen und aus ganzer Seele.

Aktueller Nachtrag: Ich brauche wohl nicht zu erwähnen, dass ich bis heute mit dieser Kollegin kein einziges Wort mehr gesprochen habe. Letzte Woche allerdings bekam ich zu meiner großen Überraschung eine Einladung von genau dem Hotel, in dem ich den ersten Zickenkrieg erlebt hatte. Das Hotel würde schließen und alle ehemaligen Mitarbeiter waren zu einer Party eingeladen. Ich konnte es kaum erwarten, die ganzen alten Bekannten wiederzusehen, natürlich auch in der Gewissheit, eventuell meiner gemeinen Kollegin von damals erneut zu begegnen. Sehr viele waren gekommen. Wir saßen zusammen, aßen lecker und erzählten uns lustige Geschichten aus unserer gemeinsamen Zeit. Als ich so in die Gesichter der Menschen schaute, dachte ich mir, dass viele sich überhaupt nicht verändert hatten. Wer damals positiv und lustig war, war es auch heute noch. Die unfreundliche Kollegin dagegen wirkte alt und verbittert. Unsere Blicke begegneten sich irgendwo flüchtig aus der Ferne. Wir fixierten uns für einen Moment, aber ich brachte es in diesem Moment nicht fertig, sie zu grüßen, da durch die Atmosphäre des Hotels und die Präsenz der vielen bekannten Menschen nicht nur die positiven Erinnerungen, sondern auch mein ganzer Schmerz von damals wieder an die Oberfläche gespült worden war. Tief in meinem Herzen wusste ich jedoch, dass meine damalige Entscheidung genau die richtige gewesen war. Ich war gewachsen, war nicht mehr dieselbe Person, die sich hinter der Bar zusammengekauert und große Krokodilstränen geweint hatte nur wegen einer albernen Einladung. Das fühlt sich großartig an! Großartig zu sehen, dass ich nicht mehr dem Wunsch nachkomme, jedem zu beweisen, wer ich bin, sondern stattdessen die Früchte all jener Samen genieße, die ich auf meinem Lebensweg gepflanzt habe. Plus: die Dinge hinzunehmen, die ich nicht ändern kann. Ah, Frieden, Glück, Freiheit und dunkle Schokolade mit Mandeln – was für ein wunderbares Gefühl! Soulfood pur!

Freunde und Ängste:
Ein Freund unterstützt dich und hilft dir.
Wenn nicht, solltest du ihn loslassen.
Ein wahrer Freund wird nicht gegen deine
wahren Träume ankämpfen.

Der Fleischmarkt

Ich möchte euch nicht vorenthalten, dass auch ich mich schon dabei ertappt habe, mich manchmal wie eine Zicke zu verhalten. Auch mir passiert es dann, dass ich vorschnell urteile, obwohl ich nur einen Teil der Geschichte kenne. Ich war damals in München bereits als Sängerin auf dem Münchner »Fleischmarkt« unterwegs. Ich nenne ihn so, weil die Arbeitszeiten bis in die frühen Morgenstunden reichten und der Lohn manchmal recht spärlich ausfiel. Aber was tut man nicht alles, um sich einen Namen in der Szene zu machen. Natürlich tranken wir Künstler auch mit den Reichen und Berühmten der Szene und duzten uns mit ihnen, wobei sich morgens beim Frühstück wie üblich niemand daran erinnerte, was er dir nachts beim Versuch, dich zu küssen, alles versprochen hatte. Das hat mich damals echt wahnsinnig gemacht. Aber ich war hungrig danach, ein Teil dieser Fleischmarktszene zu sein, zum inneren Kreis dieser Künstler zu gehören, denen die Türen zu den besten Live- und Studiojobs offenstanden. Doch schon wieder saß ich auf der Zuschauertribüne und durfte die Szene nur von außen betrachten. Schon wieder war es da, dieses Gefühl, das ihr alle kennt: von jemandem lediglich toleriert zu werden. Wenn du dann nach dem Auftritt gehst, tust du es mit dem sicheren Gefühl, dass die anderen am Tisch später darüber reden, was sie wirklich von dir halten. Oft kam ich nach einem Auftritt mit dem Eindruck nach Hause, einfach nicht gut genug zu sein und sowohl als Künstler als auch als Sängerin versagt hatte. Dennoch wollte ich unbedingt zu den bekannten In-Künstlern der Stadt gehören.

Eine dieser Künstlerinnen war eine wirklich außergewöhnlich brillante Sängerin, die mit der Crème de la Crème der Musikszene arbeitete. Aber auf einmal zog sie sich nach und nach aus dem inneren Kreis zurück. Es gab natürlich Gerüchte und Getuschel über die möglichen Gründe. Warum sich der Star auf einmal so seltsam benimmt. Sie wurde immer distanzierter und gab schnippische Antworten, war kurz angebunden und nahm keine Rücksicht auf die Gefühle ihrer Gesprächspartner. Was war ihr Problem, was dachte sie, wer sie wohl sei? Auf gar keinen Fall jedoch, da waren alle ihre Kollegen aus dem inneren Kreis mit mir einer Meinung, konnte es an der Gruppe liegen. Definitiv nicht!

Zu der Zeit erhielt ich zwei Auftrittsanfragen für denselben Tag und beides waren Supergagen für die damalige Zeit: einstündige Galas für rund 1.200 DM. Aber beide zugleich konnte ich definitiv nicht annehmen. So rief ich kurzerhand die vermeintlich eingebildete Kollegin an, um ihr den zweiten Job anzubieten. Im Laufe des Telefonats kamen wir ins Reden über das Leben und die Liebe. So ergriff ich die Gelegenheit, nahm meinen Mut zusammen und fragte, warum sie in letzter Zeit so anders sei, ob sie keine Lust mehr habe, mit den anderen zu spielen, oder ob irgendetwas innerhalb der Gruppe vorgefallen war. Während ich die Luft anhielt und inständig betete, dass es nichts mit mir zu tun hatte, eröffnete sie mir, dass man vor einiger Zeit Brustkrebs bei ihr festgestellt hatte und sie sich einer Brustamputation unterziehen müsse. Ich war sprachlos. Plötzlich ergab alles wieder einen Sinn, die Vermeidung von Umarmungen, keine Küsschen, die Traurigkeit in ihren Augen, selbst die Veränderung ihrer Stimme. Zu allem Überfluss hatte sie auch noch ihr Freund sitzen lassen, als er es erfuhr, ausgerechnet in einer Zeit, in der Liebe und Verständnis alles bedeuten. Wie viel Angst, wie viele schlaflose Nächte musste sie gehabt haben, wie viele Tränen hatte sie geweint, dass sie zu einem Teil ihres Körpers und ihrer Weiblichkeit Lebewohl sagen musste. Dabei war sie nicht in der Lage, darüber zu sprechen, wollte nicht bedauert werden, spielte nach außen hin die Starke, während im Inneren Verzweiflung und Angst tobten.

Meine Lieben, nach diesem Telefonat beschloss ich noch am selben Nachmittag, mich ein für alle Mal aus dem inneren Kreis zurückzuziehen und es gut sein zu lassen. Es war ein besonderer Moment, in dem ich meiner inneren Stimme folgte und mich dazu entschloss, über keine andere Frau vorschnell zu urteilen, auch wenn sich ihr Verhalten etwas geändert haben sollte. Ich habe dieses Versprechen ehrlich gesagt während des letzten aktuellen TV-Jobs vergessen, Schande über mich! Die Wahrheit ist und bleibt: **Wenn ich mir nicht die Zeit nehme und mich mit solchen Frauen auseinandersetze, habe ich früher oder später verloren.**

TV-Coach und Zickenkrieg reloaded

Jetzt, nach so langer Zeit, kehrt der Zickenalarm in mein Leben zurück, obwohl ich schon so viel über die Frauen und deren Verhalten gelernt habe. Wieder trifft es mich bei meiner Arbeit, die ich so liebe, und die Frage lautet: **Habe ich meine Lektionen noch nicht gelernt?** Warum wiederholt sich die Geschichte? Derzeit arbeite ich bei einem bekannten Fernsehsender hinter den Kulissen als Coach. Dabei motiviere und unterstütze ich die Menschen bei deren Vorbereitung auf die bevorstehenden Auftritte vor der Kamera. Zuerst dachte ich, ich könne auch hier wieder so arbeiten, wie es mir im Laufe der Jahre zur lieben Gewohnheit geworden ist. Ich bin mir selbst und meinem Wesen treu und darf ohne Einschränkungen Liz Howard sein. Bei dieser Arbeit verwende ich normalerweise spirituelle Redewendungen wie »Mama Universum« oder »Sag die Wahrheit mit Liebe« oder »Ich freue mich über meine von Gott gegebene Energie«. Natürlich nicht immerzu, aber das ist eben mein Markenzeichen, welches ausdrückt, wer ich bin, wie ich bin und was mein Wesen ausmacht. Ich vermute auch, dass in diesen Momenten die Gospelsängerin in mir die dominante Rolle bei den Coachings übernimmt, aber hey: Das ist auch o.k. Schließlich arbeite ich mit Sängern.

Aber jetzt gibt es ein paar Kolleginnen, die mit meiner fröhlichen und offenen Art wohl nicht so gut zurechtkommen und die zum Beispiel meine gut gelaunte, singende Guten-Morgen-Stimme nicht ertragen. Ich glaube, ich werde diese Kolleginnen nach alter Musikertradition á la »Diana Ross & The Supremes« in den folgenden Abschnitten »Mrs. ME and the Me-Nees« nennen (Ich, ich und noch mal ich). Ich weiß, es gibt überall Menschen, die nicht in der Lage sind, zu sprechen geschweige denn zu lächeln, ehe sie nicht ihre vierte Tasse Kaffee getrunken haben. Doch bei den Me-Nees spüre ich die negative Energie schon beim Vorbeigehen. Ihr kennt diese Situation sicher auch, wenn ihr irgendwo steht und das Gefühl habt, beobachtet zu werden, und sich der Beobachter beim Umdrehen ertappt abwendet. Diese speziellen Schwingungen können positiv oder negativ sein, aber gerade bei Mrs. ME fühlt es sich wirklich so an, als ob der Zickenkrieg wieder so richtig losgeht. Holy cow! Ich kann es regelrecht spüren!

Wir haben auch ein Sprichwort: »*Misery loves company*« oder sinngemäß: »Elend sucht Elend«. Ich bin mir sicher, dass diese Kollegin einfach unglücklich ist und ihre negative Stimmung sich nach und nach auf mich zu übertragen droht wie Lava, die sich ganz langsam über ein Haus ergießt und es letztlich völlig auslöscht. Oder wie flüssige dunkle leckere Schokolade. Nein, die ist zu schade dafür. Aber bin ich wirklich der

Auslöser und wenn ja, wie habe ich das nur fertiggebracht, dass bestimmte Personen mich nicht so mögen, wie ich bin? Also habe ich beschlossen, euch alle mit auf diese Reise zu nehmen, um meine Lektionen mit euch zu teilen. Diese Menschen sagen also, ich müsste mich ändern, um meinen Job zu behalten. Den Job, der als wichtige Referenz in meiner Vita stehen soll und für den ich viele andere interessante Angebote abgesagt habe. War es die richtige Entscheidung, überhaupt dort anzufangen? Habe ich letztlich schon das Vertrauen in meine Zuversicht verloren, dass am Ende immer alles gut wird?

Hier kommt also meine erste ausgesprochene »Wahrheit mit Liebe«: Mrs. ME hat augenscheinlich mit meiner Ansprechpartnerin für diese Produktion geredet und die schickt mir heute eine E-Mail mit dem Vorschlag, ich solle mich doch bitte künftig lieber wie eine »deutsche Frau« verhalten. *What the hell?* Was meinen sie damit? Ich kenne Hunderte, wenn nicht Tausende deutscher Frauen, die auch liebevoll, lustig, humorvoll, witzig, intelligent, stark, optimistisch und positiv (übrigens alles meine hervorstechendsten Eigenschaften) sind … hallo???? Weiter im Text der Mail: Außerdem soll ich meine ganzen »Liz-Howard-Phrasen« für die Zeit des Jobs besser unterlassen. Kein »Mama Universum« mehr. Kein »Sag die Wahrheit mit Liebe« mehr. Kein »Energie«-Zeugs! Dann schlug sie auch noch vor, ich solle dieser Frau, von der dieser ganze Unsinn ausgeht, Schokolade schenken. Habt ihr das gehört? Schokolade. Mit Nuss oder ohne Nüsse? Wir Mädels machen das oft von unserer Stimmung abhängig. Oder vielleicht weiße Schokolade?! Also mal unter uns: Ich schenke Schokolade, diese leckere, süße, dunkle, zarte … wo war ich? – Schokolade also, wirklich nur Menschen, die ich bewundere, respektiere und liebe. Allerhöchstens käme vielleicht unsere berüchtigte amerikanische »Laxative Chocolate« infrage, ein geniales Abführmittel, um die Damen eine Zeit lang mit sich selbst zu beschäftigen. Dann können sie ihre schlechte Energie aus sich herauspressen. Ich erwog schon, meine beste Freundin in Colorado anzurufen, um bei ihr eine größere Menge davon in Auftrag zu geben. »FedEx me some ExLax for my Me-Nees to Re-lax.«

Glaubt mir, ich habe im Moment wirklich keine Liebe für Mrs. ME und ihre Me-Nees übrig. Eher habe ich Fantasien, in denen ich sie wie ein Höhlenmensch an den Haaren hinter einen urzeitlichen Bärlappbusch zerre, dort, wo früher der Abfall entsorgt wurde, um ihnen so richtig in den haarigen Neandertaler-Hintern zu treten. Das würde mir gefallen. Aber Schokolade? Also bitte.

Noch eine Wahrheit mit Liebe: Ich wünschte, ich könnte weinen, und eine Stimme in mir fragt: Warum geschieht das mit mir! Warum möchte jemand, der mich überhaupt nicht kennt, mein Licht auslöschen wie eine Kerze, über der man einen Eimer voll Wasser ausschüttet wie in diesen alten Schwarz-Weiß-Komödien von früher? Oder kann es sein, dass eventuell jemand anderes diese Person dazu angestiftet hat, mein Licht zu löschen, damit sein Licht heller leuchtet? Und noch eine weitere Wahrheit: Ich liebe meine Arbeit dort beim Sender. Ich liebe es, Menschen zu inspirieren, sich selbst zu lieben, aus sich herauszugehen, mit dem Klang ihrer Stimme zu experimentieren und am Ende diese Stimme zu akzeptieren, zu lieben und zu ehren. Also warum passiert das gerade in diesem Augenblick? Ist es ein Geschenk des Universums, ja, auch ein Geschenk für euch, die ihr mich auf dieser Reise begleitet, um zu erfahren, ob ich den Mut aufbringe, mich dieser Frau zu stellen und die Weisheit zu bekommen, die richtigen Worte zu finden? So selten sehe ich sie lächeln. Ich dagegen lache so viel und so laut ich nur kann, denn ich habe gelesen, dass uns das jünger macht. Also lache ich, was das Zeug hält, man kann ja nie wissen. Zusätzlich ist es gut für meine Seele! Wenn ich morgens an ihrem Büro vorbeilaufe, zwitschere ich ein vergnügtes »Guten Morgen!«, bekomme aber keine Antwort. Früher habe ich mir eingeredet, dass mich alle deutschen Frauen nicht leiden können. Und umso mehr ich mir das einredete, umso öfter passierte es dann auch. Es war ein richtiger Teufelskreis.

Seid vorsichtig damit, was ihr euch einredet und wie ihr es sagt; es könnte wahr werden. Vermeidet Sprüche wie: »Ich bin so doof«, auch wenn ihr einen Fehler gemacht habt.

Bis mir eines Tages dann ein Licht aufging und ich die weise Entscheidung traf, niemals mehr die beiden Wörter »hassen« und »Frauen« in ein und demselben Satz zu verwenden. Ferner realisierte ich, dass in mir mehr und mehr das Verlangen nach einer echten Konfrontation verloren ging, um aktiv das Gespräch zu suchen. Um zu erfahren, woran es liegen könnte, dass sie sich mir gegenüber so verhalten. Wenn ich früher eine andere Frau noch als Zicke bezeichnete, wollte ich heute vielmehr ehrlich und fair zu ihr sein und vor allem zu mir selbst. Wenn also eine andere Frau in meinen Augen eine Zicke ist, bin ich eigentlich zu mir und dieser anderen Person unehrlich. Dann bleibt sie in meiner Seele weiterhin eine Zicke, weil ich diesen inneren Konflikt nicht lösen kann, die Probleme offen mit ihr anzusprechen.

Heute weiß ich, dass ich nur deshalb noch Ärger oder Wut in Bezug auf manche Frauen empfinde, weil ich nicht die Gelegenheit genutzt habe, reinen Tisch zu machen und über meine wirklichen Gefühle zu sprechen. Vielmehr habe ich mich dabei ertappt, die Schuld bei ihnen zu suchen, obwohl es eigentlich an mir lag, die Dinge klarzustellen. Hier also meine Frage an euch: Worin liegt das Geheimrezept gegen Zickenkrieg im Beruf? Wie kann es sein, dass die Jungs sich ein paar Bierchen schnappen, sich aussprechen, das Kapitel abschließen, und am nächsten Tag ist meistens alles wieder o.k., während wir Mädels an dem Kram noch Wochen und Monate herumkauen oder er uns oft auch nie wieder loslässt? Was genau ist es, das unsere Antennen ausfahren lässt, sodass der Sender unentwegt die Worte »Ich hasse dich … Ich hasse dich … Ich hasse dich« wiederholt, nur weil die andere gerade einen super Tag hat und ich nicht? Habt ihr nicht auch ab und zu diese furchterregende Stimme in euch, die die Kontrolle übernimmt und eure Lippen die Worte flüstern lässt: »Sei du doch einfach mal still!« Hat irgendjemand ein Gesetz speziell für Frauen geschrieben, von dem noch kein Richter gehört hat? Der Paragraf lautet:

»Einer Frau ist es ausdrücklich und bei Strafe verboten, im Einzelfall glücklicher zu sein als ihr Gegenüber es im selben Augenblick ist.«

Bei meiner Kollegin scheint diese Sachlage genau der Fall zu sein. Zumindest fühlt es sich im Augenblick für mich so an. Sollte ich diese Aufgabe erfolgreich lösen, ohne dabei meinen Job zu verlieren, mich selbst zu verleugnen, und dabei trotzdem ich selbst bleiben zu können, dann habe ich wirklich einen Sieg für die gesamte Frauenwelt errungen. Darauf ein »Amen!«

Was habe ich also bisher getan? Während eines Hinflugs zum Job habe ich mir geschworen, mich nicht mehr von der negativen Energie beeinflussen zu lassen. Ich kann nicht wirklich erklären, was da in mir vorging, es war lediglich so ein unbestimmtes Gefühl und ich begann darüber nachzudenken, dass meine Kollegin (ihr merkt, ich spreche nicht mehr von der Mrs. ME) vielleicht schlechter Stimmung ist, keine gute Laune hat, sich selbst nicht leiden kann. Vielleicht ist sie krank, lebt in Scheidung oder hat sich getrennt, wer weiß das schon? Warum sollte ich mich dort mit hineinziehen lassen? Also glaubt es oder nicht, ihr werdet diese Zeilen lesen und denken: Die spinnt doch. Aber Tatsache ist: Es funktioniert. **Jedes Mal, wenn ich von da ab Wut oder Abneigung gegenüber der Kollegin empfand, versuchte ich gute Gedanken für sie zu finden.** Ich sagte still zu mir: »Ich sende dir Licht und Liebe«. Das ist in meinem speziellen Fall eine wesentlich bessere Alternative, als ihr leckere, süße, dunkle … äh, also, Schokolade zu schenken, damit sie daran ersticken möge. Ich habe es mir mittlerweile zu einer lieben Angewohnheit gemacht, immer dann, wenn ich eine der Me-Nees sehe, für mich im Stillen zu singen: »This little light of mine, I'm gonna let it shine«, dann können sie mein Licht nicht löschen. So kann ich weiter glücklich sein, mein Leben genießen und meinen Job machen.

Aber nun kommt das Erstaunlichste an der Geschichte: Nach ein paar Tagen sagte sie wirklich »Guten Morgen« zu mir, sprach mit mir und fragte mich nach meiner Meinung – wow! Also ich glaube, das beste Rezept gegen Zickenkrieg ist, sich sofort vom Schlachtfeld zu entfernen, einen Schritt zurückzutreten und zu atmen. Einfach nur atmen! Das habe ich getan und sobald ich an die Kolleginnen denke, fühle ich eine beruhigende und stille Energie über mich kommen. Es ist dennoch auf alle Fälle eine Herausforderung. War es schwierig? Definitiv! Schlimmer als eine Stunde auf dem Laufband, wenn ihr wisst, was ich meine. Ich fand heraus, dass es relativ einfach ist, die alten negativen Gewohnheiten beizubehalten. In Deutschland nennt man es wohl einen Teufelskreis. Sehr viel härter ist es, sich selbst treu zu bleiben, wenn man positiv und glücklich sein möchte. Die erste Woche war die schlimmste, danach wurde es leichter und leichter. Jetzt sind es noch vier Wochen bis zum Ende der Staffel, und ich bin sehr zuversichtlich.

Ich denke, wir müssen, egal ob als Frauen oder Männer, für uns selbst entscheiden, ob wir es zulassen, dass wir uns verbiegen, um den Erwartungen von anderen zu entsprechen. Dies führt in den meisten Fällen unweigerlich zu innerer Unzufriedenheit und bestimmt gibt es einige auf dieser Welt, die bewusst die Unzufriedenheit gewählt haben. Ich für meinen Teil habe mich dazu entschlossen, so zu bleiben, wie ich bin, und dennoch andere Menschen zu respektieren, wie sie sind. Seien sie auch noch so unausstehlich. Ich habe auch einige Top-Leute aus der Wirtschaft, die ich bewundere, befragt, wie sie damit umgehen. Was ist wohl das beste Rezept gegen Zickenkrieg im Berufsleben? Warum passiert es immer wieder und was sind die Ursachen?

Einige Antworten auf diese Fragen findet ihr nach der folgenden Erfahrung als Business-Coach, bei der ich mich rückblickend frage, ob ich nicht anders hätte reagieren sollen.

Coaching mit Hindernissen

Es war während eines Trainings für Manager eines großen Konzerns. Ich hatte das Vergnügen, mit einer großartigen Gruppe von zwölf Männern und einer Frau zu arbeiten, die von einem Gruppenleiter begleitet wurden. Die Teilnehmer sollten lernen, ihre Redekompetenz zu verbessern, während sie vor den anderen Vorträge hielten. Wir hatten sehr viel Spaß und ich fühlte mich rundum glücklich. Die Männer in der Gruppe wollten vieles wissen und auch neue Ideen ausprobieren. Bei all den Überlegungen kam ich mir vor wie auf einem Tennisplatz, während die Teilnehmer ihre Fragen abfeuerten wie aus einer Ballwurfmaschine. Es waren kluge und konstruktive Fragen, bei welchen es mir leichtfiel, die Aufschläge mit meinem Tennisrack mit cleveren Antworten und positiven Reaktionen zu retournieren. Während wir gemeinsam herzlich lachten, diskutierten und an unseren Redetechniken feilten, inspirierten wir uns gegenseitig und verschmolzen zu einem perfekten Team. Es war einer dieser fabelhaften Tage, wo einfach alles zusammenpasst und die spürbar positive Energie mir schier den Atem raubt. Die Zeit flog nur so dahin und eine spezielle neue Kraftquelle schien sich für mich geöffnet zu haben. Sie schenkte mir neue brillante Ideen und Gedanken für mein Seminar und führte mich mit unsichtbarer Hand dazu, meinen Job als Trainer optimal zu erfüllen. Am Ende eines solchen Tages, dem Genuss einer Reise zu purer Lebensfreude, schaue ich lächelnd zurück und flüstere ein kleines Dankeschön. Ich liebe meinen Job an solchen Tagen.

Diese Trainings beinhalten auch einen Abend, wo wir uns nach dem Essen noch einmal treffen, um den Tag Revue passieren zu lassen und die Ergebnisse zusammenzufassen. Ich singe ein wenig und biete den Teilnehmern die Möglichkeit, das Gelernte anzuwenden, indem sie meine Stimme und meine Körpersprache beobachten. Die Aufgabe besteht darin, Verbesserungsvorschläge hinsichtlich Aussprache, Gestik und Atemtechnik zu machen und zu prüfen, ob das, was ich singe und sage, glaubwürdig ankommt. Sie waren alle immer noch in Hochstimmung und trugen die positive Energie des Tages in sich, was ich mit großer innerer Zufriedenheit an der Art ablesen konnte, wie diese Männer lächelten und spielerisch die Übungen und Töne vom Nachmittag ausprobierten, ohne Scheu davor, was ihre Kollegen wohl denken würden. Ihre am Anfang des Seminars noch vorherrschende Angst und Beklemmung davor, sie könnten kritisiert oder verurteilt werden, war wie weggeblasen. Der Raum war angefüllt von spielerischer Freude, Erfolg und purem Glück. Die einzige weibliche Teilnehmerin des Seminars hatte während des Trainings irgendwann beschlossen, den nachmittäglichen Teil des Kurses zu überspringen mit dem Argument, dass sie noch einige wichtige und drängende geschäftliche Dinge zu erledigen hätte. Ich konnte sie nicht dazu animieren, es sich noch einmal zu überlegen, diese Tätigkeiten auf einen späteren Zeitpunkt zu verschieben. Sie servierte mich mit der Aussage ab, dass meine Ausführungen lediglich Soft Skills beinhalten würden, und da wären ihre noch zu erledigenden Arbeiten wesentlich wichtiger. Eine kleine innere Stimme riet mir, meinen Mund zu halten, obwohl ich meine Emotionen normalerweise nicht verbergen kann. Meine Enttäuschung konnte man, da war ich mir einhundert Prozent sicher, sowohl an meinem Gesicht als auch an meiner Körpersprache ablesen. Ich zuckte also mit den Schultern und antwortete, dass es natürlich ihre Entscheidung wäre, mein Gefühl mir aber sage, dass sie sicherlich etwas verpassen werde und das sehr schade wäre.

Bei den abendlichen Übungen saßen die Männer gespannt auf dem vorderen Ende ihrer Stühle und waren gut gelaunt. Sie hatten gut gegessen und benahmen sich so ausgelassen wie kleine Jungs. In ihrer Ausgelassenheit hatten sie vergessen, dass sie eigentlich Topmanager eines Weltunternehmens waren. Sie waren bereit, alle Fehler aufzudecken, die ich in meinen musikalischen Vortrag eingebaut hatte, um eine offene und fruchtbare Diskussion in Gang zu bringen. Mein Ziel war, ihre Kreativität und ihren Ideenreichtum zu entfachen, während sie über meine Stimme diskutierten. Die weibliche Teilnehmerin war mittlerweile auch zurückgekehrt und saß mit verschränkten Armen im Halbkreis ihrer Kollegen. Ihre Beine waren übereinandergeschlagen und der frei schwingende Fuß vibrierte mit fünfzig Schlägen in der Minute. Sie hörte also zu und spürte immer stärker, wie die Stimmung im Raum sich gewandelt hatte. Ich vermute, dass all die fröhlichen Gesichter und das Gelächter um sie herum sie furchtbar nervten. Der Gruppenleiter der Manager stellte mich indessen nochmals detaillierter vor und erwähnte meine derzeitigen Aktivitäten als Stimmtrainerin, Hochschuldozentin und so weiter und natürlich auch meinen Coaching-Job bei einer aktuell populären deutschen Fernsehshow. Während die männlichen Kollegen beeindruckt waren und in anerkennende Ah- und Oh-Rufe ausbrachen, fragte die Kollegin nur abschätzig: »Was für eine Show?« Einer der Männer beantwortete ihre Frage stolz, indem er etwas über das Konzept der Sendung erzählte, worauf sie mit bemüht teilnahmsloser und unbeeindruckter Stimme bemerkte: »Ich habe gar keinen Fernseher.« Oh-oh! Sofort begann die vergnügte Stimmung etwas abzuflauen. Ich sah, wie die Männer ihre Köpfe senkten, als ob plötzlich irgendetwas Hochinteressantes mit ihren Schuhen passiert wäre, und die Gesten ihrer Hände signalisierten Ratlosigkeit, ob denn dem Betrachten einer Fernsehshow etwas absolut Beschämendes anhaften könne. Um die peinliche Stille zu füllen, sagte ich lachend mit um Entschuldigung heischender Stimme: »Na ja, ich bin Amerikanerin. Wir haben in jedem Zimmer einen Fernseher, sogar im Badezimmer«, worauf schallendes Gelächter losbrach und die Anspannung von allen abfiel wie ein riesiger Eisberg an einem strahlenden Frühlingstag. Daraufhin konnten wir das Abendprogramm fortsetzen.

Frau Managerin beteiligte sich jedoch auch weiterhin nicht an der Veranstaltung, sondern verschränkte Arme und Beine den ganzen restlichen Abend lang, als müsste sie sich mit Gewalt dazu zwingen, dass ihrem Körper auch ja keine Anzeichen von guter Stimmung und Wohlbehagen entweichen sollte. Aber ich war vorbereitet. Ein Trainerkollege hatte mir vor einiger Zeit einen sehr guten Rat gegeben, denn ihm war etwas Ähnliches mit einem Teilnehmer passiert, der von hinten versuchte, die anderen Teilnehmer mit giftigen Kommentaren auf seine Seite und den Trainer aus dem Konzept zu bringen. Er sagte wörtlich: »Lass dich niemals von einem Teilnehmer ablenken, der während des Vortrags Gift und Galle speit oder laut alberne Kommentare in die Menge ruft, sondern konzentriere dich vielmehr auf diejenigen, welche hungrig nach deinem Wissen sind und deine Veranstaltung mit ihrer Präsenz und Energie zum Erfolg führen.« Und genau das tat ich auch. Wobei ich nicht zu erwähnen brauche, dass alle Teilnehmer nach dem erfolgreichen Abschluss des zweiten Seminarteils nach vorne kamen, um sich zu verabschieden, noch ein paar Fragen bezüglich ihrer anstehenden Reden zu stellen und mir Glück zu wünschen, während mein Sorgenkind grußlos und hastig aus dem Raum eilte.

Am nächsten Tag erzählte mir der Gruppenleiter beim Frühstück davon, dass sich die Dame über mein Training beschwert habe. Ihr Argument war doch tatsächlich, dass ich die Gruppe nach männlichen und weiblichen Teilnehmern getrennt hätte, wo doch heute im Berufsleben die Gleichstellung von Mann und Frau eine Selbstverständlichkeit sein sollte. Und das sagte ausgerechnet die (einzige!) Frau, die es vorgezogen hatte, auf den ersten Teil meines Seminars zu verzichten. Somit auch auf den Theorieteil, die Erläuterung meiner Trainingstechniken. Und die mich auch in der wichtigen Phase des Kennenlernens nicht mehr erlebt und sich im zweiten Teil komplett zurückgezogen hatte.

Also meine Damen: Was hätte ich anders machen können? Oh ja, ich weiß! Ich hätte ihr einen meiner Fernseher anbieten können, am besten den aus dem Badezimmer! Aber im Ernst. Ich hätte sie sofort beiseitenehmen sollen, um über die Situation und meine ehrlichen Ansichten zu reden. Hätte sie mir von ihren Gedanken erzählt, hätte ich die Chance gehabt, ihr zu sagen, wie leid es mir täte, dass sie so fühlte. Wenn ich tatsächlich während des Seminars weibliche und männliche Teilnehmer getrennt oder unterschiedlich behandelt hätte, so war dies keinesfalls meine Absicht. Ich hätte ihr den Teil, welchen sie als trennend empfand, detaillierter erklären können. Am wichtigsten wäre jedoch die Aussprache darüber gewesen, wie jammerschade es ist, wenn wir Frauen nicht in der Lage sind, unsere wahren Gefühle offen auszudrücken, sondern dies über Dritte tun. Zumal ich sehr offen für konstruktives Feedback bin, ganz gleich, ob positiv oder negativ, selbst wenn es wehtut. Es braucht nicht zuletzt immer Mut für eine ehrliche und offene Auseinandersetzung, aber nur auf diese Weise können wir als Frauen in der Berufswelt wachsen und wahre Größe zeigen.

Interviews: Strategien für den Erfolg

Interview mit Lisa

Lisa ist eine international agierende Managerin, seit fünfzehn Jahren im Global Business und Unternehmensberaterin. Sie ist seit zwanzig Jahren bei einer großen Softwarefirma tätig. Wir trafen uns vor vielen Jahren, als ein gemeinsamer Bekannter vorschlug, dass ich auf ihrer Hochzeit singen solle. Seither sind wir Freundinnen. Sie ist Mutter zweier Söhne und ich liebe ihren Stil. Ihre Augen strahlen Wärme aus und sie lacht laut und aus vollem Herzen wie ich selbst. Für ihr Lächeln würde man alles tun und man fühlt sich rundum geborgen in ihrer Nähe. Mir war klar, dass sie für das Kapitel Soulfood im Job die Idealbesetzung ist und ich unbedingt ihre Gedanken anzapfen musste.

Was wäre dein wichtigster Ratschlag bei Zickenkrieg im Job?
Keine Toleranz. Dann direkt das Problem ansprechen. Den wahren Grund herausfinden – ist es zum Beispiel zu wenig Beachtung oder Bedrohung durch andere Mitarbeiter. Oder liegt der Grund im privaten Umfeld.

Warum können wir es anderen Frauen nicht gönnen, wenn sie einen glücklichen Tag haben?

Es kommt bei Frauen häufiger vor, das stimmt wohl. Ich persönlich schlage solche Menschen mit ausgesuchter Freundlichkeit. (*I kill them with kindness.*) Dadurch werde ich unangreifbar und sie bekommen den Spiegel vorgehalten.

Und warum sind Frauen oft so nachtragend?

Weil wir Frauen viel schneller auf einem emotionalen Level diskutieren. Männer sind sich der Sache wegen uneinig. Wir ticken einfach so. Das ist auch der Grund, warum es so lange braucht, bis es für uns erledigt ist. Emotionale Erlebnisse dauern einfach länger, bis sie heilen.

Wie lange dauerte dein längstes Ereignis?

Manche Dinge heilen nie!
(Danke!)

Wenn du Mama Universum wärest, was wäre dein Rat für uns – nicht nur im Job, auch als Frau, Mutter?

Mein Herz sagt mir – vor allem in Bezug auf Business: Versucht nicht, ein Mann zu sein! Wir Frauen haben anders geartete Talente, andere Wege zu denken und die Dinge zu betrachten, welche einzigartig sind und uns stark machen. Und es gibt eben nicht nur den einen Weg zum Erfolg.

Für junge Frauen, die ihren ersten Job antreten und auf eine ältere Frau treffen, die unzufrieden und unglücklich wirkt: Was ist dein Rat?

Mach ihr ein Kompliment – ich tue das andauernd und es wirkt. Aber es muss von Herzen kommen und ehrlich gemeint sein. Wir Frauen tun das zu selten untereinander und speziell in Deutschland scheint es total unüblich zu sein. Warum sind wir so kritisch und machen keine Komplimente?

Sag mir drei Dinge, von denen du wünschst, dass wir Frauen das nicht mehr tun sollten.

Erstens: Frauen sollten anfangen, Frauen zu unterstützen. Zweitens: Seid Frauen und seid feminin und versucht nicht, wie ein Mann zu sein. Obwohl es schon abgedroschen klingt, ist es weiterhin sehr wichtig. Und drittens: Entschuldigt euch nicht ständig für Dinge, für die man sich nicht entschuldigen braucht.

Interview mit Jörg, Bankvorstand a.D.

Ich lernte Jörg bei einer Vorstellung meiner Seminare kennen. Da er in einer Branche als Vorstand tätig war, in der Frauen nur ganz selten bis an die Spitze der Hierarchie gelangen, wollte ich gerne mehr über seine Erfahrungen mit Frauen im Beruf wissen. Jörg überraschte mich mit einer spirituellen Ader und einer weiblichen Denkweise, die ich nicht bei ihm vermutet hatte.

Wie lief es mit den Frauen zu deiner Zeit in der Bank?

Sehr gut. Sie sind unbefangener. Männer haben eher Vorbehalte, z.B. geht ein Mann mit Glatze nicht gerne auf einen Mann mit vollem Haar zu, er sucht sich lieber einen gleichartigen Typ. Eine Frau überzeugt da durch Ganzheitlichkeit und Persönlichkeit.

Was ist deine Erfahrung mit sogenannten Zicken?

Männer mögen im Allgemeinen Frauen nicht, die sich wie Männer verhalten, weil sie meinen, die Frauen würden uns Männer imitieren und ihre eigene Art, ihr Wesen unterdrücken. Das wirkt eben unnatürlich.

Denkst du, Frauen brauchen einen Mentor?

Ja, es kann nicht schaden, eine zusätzliche Meinung einzuholen. Wie beim Arzt sozusagen. Oder eine Selbstspiegelung: Wie nimmst du mich als mein Mentor in dieser Situation wahr?

Wenn du Mama Universum wärest, was wäre deine Botschaft an die Frauen, deine Tipps, wo wir uns im Business verbessern können?

Weh tut mir, dass die Frauen oft so krampfhaft ehrgeizig sind, wie ich damals, sie wollen etwas erzwingen, besser sein als die Männer und mächtiger, aber das ist falsch. Eine Frau muss Frau bleiben als ganzheitliche Persönlichkeit mit Emotion – natürlich auch mit Fachwissen, und sich treu bleiben.

Deine Eltern wollten, dass du etwas Gescheites lernst. Wie hältst du es bei deinen eigenen Kindern?

Der Erste wollte Psychologie studieren, meine Frau war da nicht so begeistert, aber ich habe ihn das alleine entscheiden lassen. Der Zweite ist Musiker und wollte immer schon Musiker sein und ich habe ihn dabei natürlich unterstützt, es war ja auch mein Traum. Heute sind beide sehr erfolgreich in ihren Berufen und wichtig ist doch nur, dass sie dabei glücklich sind und ihren Lebensunterhalt alleine verdienen können. Die Eltern sind oft entsetzt über die Berufswünsche der Kinder. Wir sollten ihnen vertrauen und unterstützend und beratend eingreifen, aber ihnen die freie Berufswahl überlassen. Vor allem den Mädchen. Loslassen und sich zurücknehmen heißt die Devise und das muss man erst lernen und immer wieder üben, es ist zugegebenermaßen sehr schwer.

Was wünschst du den Frauen für die Zukunft?

Ich wünsche mir, dass sie ihre Rolle richtig begreifen. Wie die Männer gleichberechtigt zum Leben gehören, es geht nicht ohne Frauen und es geht nicht ohne Männer, beides muss in einem Ausgleich zusammenwirken. Ich halte nichts von Frauen, die sagen, sie brauchen die Männer nicht.

Dein Motto?

Das Leben ist ein Überfluss an Möglichkeiten und Chancen und es ist ein Geschenk an uns.

Du bist sicher auch oft mit Machotypen zusammengekommen; wie sollen wir Frauen deiner Meinung nach mit diesem Typ Mann oder auch Chef umgehen?
Auf keinen Fall darf man diese Männer in der Öffentlichkeit bloßstellen.

Auch nicht, wenn du meinst, jetzt wäre gerade ein toller Zeitpunkt, ihn umzubringen?
(lacht) Genau! Wenn er sich gedemütigt fühlt, ist das ein großer Fehler. Besser ist ein Gespräch unter vier Augen hinterher. Hier kann ich eine Ebene mit ihm finden, weil er sich im geschützten Raum eher öffnet. Da will er Resonanz bekommen und hören, wie er ankommt. Das gilt meiner Meinung nach auch für die Machofrau. Und diese Beherrschung muss eine Frau im Business lernen und das gehört auch in gewisser Weise zum Stil. Das gilt im Übrigen grundsätzlich, dass man in der Öffentlichkeit niemanden bloßstellt oder verletzt.

Interview mit Sandra

Sandra ist eine erfolgreiche Managerin in einem globalen Unternehmen im Bereich Medizintechnik. Sie kombiniert in ihrem Beruf die Kür – internationales Management – mit ihrer Leidenschaft, der Medizin. Ich habe Sandra bei einem meiner Vorträge kennengelernt und möchte von ihr gerne wissen, wie es ist, als Frau und Managerin in einem von Männern dominierten Geschäftsfeld zu arbeiten.

Wie lange bist du in dieser Firma?
Sieben Jahre. Zuerst war ich in der Softwareentwicklung tätig. Dann habe ich durch eine Zeitungsannonce endlich meinen Traumberuf entdeckt und bekommen, wo ich meine beiden Interessensgebiete leben konnte.

Wenn du die Zeit zurückdrehen könntest, was würdest du ändern wollen?

Ich wollte Medizin studieren, habe dann aber im Praktikum bemerkt, dass die Realität im Klinikalltag nicht meinen Vorstellungen entsprach. Vor allem habe ich erlebt, dass ein Arzt im Krankenhaus bezüglich der Emotionen kalt sein muss. Dann war da das Thema Doping mit Aufputschmitteln, um die unmenschlichen Arbeitszeiten durchzustehen. Und einer meiner Professoren gab mir den Rat, lieber ins internationale Management zu wechseln, weil er zum einen dort eher meine Neigungen sah und er zum anderen glaubte, ich würde vom Typ her das Krankenhaus und seine Themen am Abend im Kopf mit nach Hause nehmen, was auf die Dauer nicht gut für mich sein würde. Heute würde ich mich für die Medizin entscheiden und versuchen, etwas zu bewegen und mich in einem Fachgebiet zu spezialisieren, das mir eher liegt.

Und das wäre?

Arbeit mit Kindern und Jugendlichen, vor allem im Bereich der Verhaltensforschung und der Psyche. Zum Beispiel gibt es die Förderung und Betreuung von Hochbegabten, die in ihren Familien oft nicht die notwendigen Rahmenbedingungen finden. Auch gibt es heute viel bessere Schulen, die sich mit Schwerpunktthemen abgrenzen wie Sprachen, Sport, Musik, Kunst usw.

Gibt es eine Erfahrung mit männlichen Kollegen, die du bereust, aber aus der du etwas gelernt hast?

Ich hatte ein Projekt mit einem Kollegen, das wir gemeinsam vorantrieben. Viele meiner Ideen habe ich dort eingebracht. Ohne Absprache hat er dann vorzeitig bei einem Vorstandsmeeting unser Konzept als seines verkauft. Später, als ich ihn zur Rede stellte, wiegelte er mit fadenscheinigen Begründungen ab. Damals habe ich mich noch nicht getraut, heute würde ich die Konfrontation nicht mehr scheuen und so etwas direkt im Meeting ansprechen.

Was war dein schwierigster Lernprozess? Eine Situation, wo du wusstest: »Ich muss jetzt endlich etwas unternehmen!«, aber Sorge hattest, es nicht zu schaffen, und vorher schlecht geschlafen hast?

Ich wollte damals eine neue Aufgabe, aber ein anderer Kollege, sogar aus meinem Team, bekam den Zuschlag, weil er ein Mann war. Eine Zeit lang habe ich unzufrieden zugeschaut. Dann habe ich meinem Chef während einer Dienstreise vorgeschlagen, einen kleinen Ausflug zu machen. Er konnte nicht aus, hat aber gespürt, dass ich etwas zu sagen hatte. So nahm ich meinen Mut zusammen und sagte ihm, wie ich mir mein Leben in der Firma künftig vorstelle. Er hat danach zwei Tage überlegt, dann die Verträge geändert (vielleicht zähneknirschend) und ich bekam meine Stelle. Aber der Erfolg kam erst nach einer direkten und sehr offenen und fordernden Aussprache.

Businesstipps für die Stimme

Ich möchte euch am Ende dieses Kapitels gerne noch einige meiner Soulfood-Geschäftsrezepte mit auf den Weg geben, die ich in den vergangenen Jahren entwickelt habe und die mir bei vielen Vorträgen und wichtigen Besprechungen sehr geholfen haben. Nehmen wir an, morgen früh findet ein wichtiges Meeting mit dem Vorstand eurer Firma statt. Er fliegt extra für dieses eine Meeting aus der Schweiz nach Deutschland und ihr wisst, dass er in geschäftlichen Dingen kein angenehmer Mensch ist. Deshalb ist euer Chef schon ganz krank vor Sorge, ob ihr auch bestens vorbereitet seid.

Programmpunkt Nr. 1: Stellt den Wecker fünfzehn Minuten früher, damit ihr eure Stimme aufwärmen könnt. Ja, ich sagte fünfzehn Minuten. Ihr könnt dafür am Abend fünfzehn Minuten eher ins Bett gehen, o.k.? Ich nehme mir für solche Tage immer fünfzehn Minuten mehr Zeit, immer! Solltet ihr denken, diese Liz ist komplett verrückt, nun ja, dann habt ihr damit vollkommen recht.

Programmpunkt Nr. 2: Ab unter die Dusche und singt euer Lieblingslied dabei.

Programmpunkt Nr. 3: Beim Schminken und Dreadlocks richten (Hinweis: Dreadlocks sind kein offizieller Teil des Programms, ihr dürft eure Frisur behalten) beginnt zu summen. Zuerst tief aus dem Bauch heraus. Werdet immer lauter und geht dann ins Singen über. Vorsicht, falls ihr in Euphorie verfallt und noch beim Zähneputzen seid, spuckt erst aus, damit es keine Schweinerei im Badezimmer gibt. Macht euch keine Gedanken darüber, ob jemand zuhört. Ich halte es dabei wie bei dem alten NIKE-Slogan: *Just Do It*! Es geht weder um die richtige Tonlage noch darum, perfekt zu singen. Noch einmal, ihr müsst nicht perfekt singen, sondern eure Stimme spüren, als würde sie von euch eine schöne Tasse frisch gemahlenen Kaffee bekommen.

Programmpunkt Nr. 4: Während der Fahrt stimmt ein weiteres fröhliches Lieblingslied an. Zugegeben, in der U-Bahn ist es ein wenig schwieriger zu singen, daher hoffe ich, ihr habt an solchen Tagen irgendeine Gelegenheit für dieses fröhliche Lied. Aber Summen auf dem Weg zur U-Bahn geht natürlich auch. Wenn ihr jetzt fragt, wozu das alles gut sein soll, dann lasst euch sagen, dass ihr zwei Fliegen mit einer Klappe geschlagen habt. Denn bei der Ankunft wird eure Stimme mit eurem Gesicht (oder wie wir Musiker sagen: eurer Maske) im Einklang sein. Die Gesichtsmuskulatur bildet mit den Stimmbändern und dem Körper eine synchrone Einheit, was einen Schuss mehr Selbstvertrauen erzeugt, sobald ihr in das Gespräch oder die Präsentation einsteigt. Euer Auftreten ist spritziger und dieses positive Gefühl und die Energie werden sich auch auf euren Gesprächspartner oder die Teilnehmer des Meetings übertragen. Euer Gegenüber wird sich in eurer Gegenwart ungezwungener, ja behaglicher fühlen. Vergesst nicht, das auch immer wieder zu beobachten. Auch in eurer eigenen Körpersprache werdet ihr schnell eine Veränderung bemerken. Euer Boss wird sich erstaunt fragen, wie in aller Welt ihr das angestellt habt. Das Ziel ist und bleibt ein erfolgreiches Meeting. Wenn der Preis dafür bedeutet, ein wenig früher aufzustehen, zu summen und ein paar Lieder zu singen, so ist es das allemal wert. Die meisten Profis wärmen sich auf, bevor sie ihre Arbeit beginnen. Ob nun Sportler vor einem Tennismatch oder Schauspieler vor dem Auftritt, alle tun es. Dafür muss es einen guten Grund geben, also sollten wir es auch tun, oder? Auf eine gewisse Art und Weise ist es ja auch ein Auftritt und das Solo ist der Klang eurer Stimme bei der Präsentation und ihr seid dabei die Profis. Hab ich recht? Dieses kleine Programm wird euch auf alle Fälle ein viel besseres Gefühl für eure Stimme ermöglichen.

Ein anderer wichtiger Aspekt ist der Klang der Stimme, denn sie ist der wichtigste Teil eurer Präsentation. Bei meinen Vorträgen übe ich vorher mit dem Sound meiner Stimme, denn nur dann kann ich die nötige Leidenschaft vermitteln, während ich spreche. Die wichtigsten Kernaussagen und Stichpunkte wiederhole ich dabei mehrmals laut. Es geht dabei absolut nicht um Perfektion, also strebt dabei keine perfekten Sätze oder Worte an. Macht euch einfach locker und atmet entspannt. Diese Übung dient dazu zu merken, wie es sich bei euch anfühlt, wie es klingt, wenn ihr etwas Wichtiges zu sagen habt. Könnt ihr es in eurem Körper spüren? Wer von euch hat nicht schon einmal vor dem Spiegel die Worte »Ja, ich will!« geübt? Oder für die Männer unter Euch »Willst du mich heiraten?«. Welche Worte waren euch so wichtig, dass ihr vorher auch spüren wolltet, wie das klingt, damit die erwünschte Wirkung erreicht wird? »Guten Tag, ich habe mich bei Ihnen um die Stelle beworben« oder »Könntest du mir bitte noch ein Bier aus dem Keller holen?« Also, wie fühlt es sich an? **Spürt ihr die Leidenschaft in euren Worten?** Ihr werdet wissen, wann es sich gut anfühlt, weil ihr dann lächeln werdet. Wenn ihr Glück habt, bekommt ihr außerdem einen Job, einen Ring oder zumindest ein Bier.

Noch ein wichtiger Punkt: Am Abend vor einem Termin verzichte ich auf Alkohol, also meistens, denn das kann die Stimme belasten oder im schlimmsten Fall außer Gefecht setzen. Warum ein Risiko eingehen? Stattdessen rolle ich lieber meine Yogamatte aus, lege mich auf den Rücken und lasse beruhigende Musik laufen, während ich mir den Beginn meiner Rede vorstelle. Dabei fange ich mit den Füßen an und stelle mir die Schuhe vor, die ich trage. Die Farbe meiner Strümpfe, auch wenn sie unter der Kleidung verborgen sind, muss lebendig sein. Die Finger und selbst die Fingernägel stelle ich mir vor, meinen Businessanzug und die passende Bluse. Sogar wie ich mir für diesen besonderen Tag die Haare style, ist wichtig. Die Farbe des Schals und den passenden Schmuck nicht zu vergessen. In Gedanken perfekt gestylt liege ich mit geschlossenen Augen dann da, sage laut die ersten vier, fünf Sätze meiner Rede, nehme ein paar tiefe Atemzüge, wiederhole die Sätze und suche in der Gruppe nach Gesichtern, die lächeln. Ich tue das, um auch meinem Körper ein gutes Gefühl für die anstehende Herausforderung zu vermitteln, denn die lächelnde Resonanz stimmt mich ruhig und zuversichtlich. Ich bin bereit und weiß, dass ich mich gut auf alle Eventualitäten vorbereitet habe. Zudem kann meine Kreativität in Schwung kommen, mich führen und mir zuflüstern: »Ich bin hier bei dir«, »Vergiss nicht folgenden Satz« oder »Du solltest vielleicht noch erwähnen«. Wieder werdet ihr sagen: »Die ist doch vollkommen verrückt!« Ja! Aber es funktioniert bei mir jedes Mal und wirkt reinigend und beruhigend auf meine Seele. Es gibt auch eurem Selbstvertrauen einen extra Schub.

So, meine Damen! **Jetzt kommt mein größtes Geheimnis:** Für ganz große und wichtige Auftritte, wir reden von *wirklich* wichtigen Situationen, kaufe ich mir in einem Dessous-Fachgeschäft oder Sexshop ein paar wirklich heiße Teile, Unterwäsche oder auch mal ein paar sexy Strümpfe. Ihr wisst schon, die richtigen Werkzeuge, um bei eurem Partner auf alle Fragen die gewünschten Antworten zu bekommen. Ich sehe, dass ihr lacht und den

Kopf schüttelt, genauso wie ich, wenn ich die Sachen anhabe, aber ratet einmal! Es gibt mir einen zusätzlichen Kick, während ich die Präsentation halte. Keiner weiß es außer mir. Doch seit ich damit angefangen habe, erhalte ich nur noch ganz selten ein Nein auf eine Vortragsanfrage. Das kleine Mädchen in mir singt: Na nana naaa naa! und ich spüre dieses Strahlen in mir aufsteigen, in meinem Körper, meinem Gesicht, meiner ganzen Präsenz. Ich meine, hört mal! Männer tragen an solchen Tagen ihre Lieblingskrawatte oder wie sie auch dazu sagen: die Powerkrawatte. Also was hindert uns daran, was haben wir zu verlieren? Alles ist erlaubt im Krieg, der Liebe und im Geschäftsleben! Was ihr jedoch unbedingt beachten solltet: Auch wenn ich sexy Sachen anhabe, achte ich darauf, mir während des Meetings mit einem wichtigen Kunden nicht den Bauch einzuschnüren. Es muss bequem sein, damit ich mich frei fühle und frei bin. Enge Kleidung schnürt nicht nur den Körper, sondern darüber hinaus auch die Stimme ein, macht sie dünner, trockener, manchmal sogar heiser. Und sie kann beim Sitzen einen Teil eurer Atmung über dem Solarplexus abschneiden.

Und zum Schluss: Macht euch ein Business Vision Board, um euch immer wieder eure Ziele und Visionen vor Augen zu halten. Vor allem die geschäftlichen Ziele! Auf meinem Board stehen z. B. aktuelle Logos von Firmen, bei welchen ich gerne einen musikalischen Vortrag halten möchte.

»Ihr habt heute das Büro gerockt, also leckt eure Finger ab«-Barbecue Chicken

Zuerst sprecht mir nach: »Ja, ich bin gut!«

Als Nächstes ruft ihr eine Freundin an und ladet sie zum Abendessen ein. Sagt ihr, sie soll auf dem Weg kaltes Bier mitbringen. Und sagt ihr: »Mehr als eine Flasche, bitte!«

- 3 bis 4 Hähnchenbrüste
- 325 ml Ketchup (das mit 25 % weniger Zucker)
- 4 EL Soja-Sauce (die mit 25 % weniger Salz)
- 4 EL Worcestershire-Sauce
- 4 EL Honig
- 2 Knoblauchzehen, fein gehackt
- 4 EL Zitronen-Olivenöl
- 2 EL Kürbiskern-Öl
- 2 EL Butter
- Wer mag 1 bis 2 kleine Chilischoten
- Frischer Oregano, etwa ein ½ EL
- Frischer Rosmarin, etwa ein ½ EL
- Frischer Thymian, etwa 1 TL
- Ein mittlere Pfanne zum Braten
- Eine Auflaufform zum Fertigbacken, ich bevorzuge Glas, aber das liegt bei euch bzw. eurer Küchenausstattung.

Es geht los:

Den Ofen vorheizen auf 160 °C. Ich spüle die Hähnchenbrust immer mit kaltem Wasser ab und tupfe sie mit einem Küchenkrepp trocken. Legt sie in die Pfanne und bratet sie in dem Zitronen-Olivenöl bei mittlerer Hitze leicht 3 bis 4 Minuten auf jeder Seite an. Nach dem ersten Wenden streut die Hälfte Knoblauch, Rosmarin und Oregano über das Fleisch. Danach holt es aus der Pfanne und legt es in die Auflaufform. Schiebt die Auflaufform in der Zwischenzeit schon mal in den Ofen, dann kann das Hähnchen weitergaren, während ihr die Sauce vorbereitet.

Jetzt kommt die Sauce dran. Gebt das Kürbiskern-Öl und die W-Sauce in die Pfanne, mischt den Rest des Knoblauchs darunter und bratet das ganze 2 bis 3 Minuten leicht an. Fügt unter Rühren den Ketchup hinzu. Danach den Honig und die Butter unterrühren und weiter 4 Minuten köcheln lassen, bis eine dicke Konsistenz entsteht. Wenn es blubbert, ist die Sauce fertig.

Streut die andere Hälfte der Kräuter in die Sauce, holt die Auflaufform aus dem Ofen und gießt die Sauce über das Hähnchen. Deckt die Auflaufform zu, schiebt das Huhn zurück in den Ofen und backt es weitere 12 bis 15 Minuten, bis die Sauce wieder blubbert. Danach holt die Form aus dem Ofen und lasst sie für 2 bis 3 Minuten stehen.

Option scharf: **Eine kleine Chilischote gehackt mit Honig und Butter zusammen in die Sauce mischen.**

Option scharf XXL: **Noch eine kleine Chilischote gehackt über das Hähnchen streuen, bevor ihr es in den Ofen gebt.**

Ihr könnt dieses Gericht mit meinem »No Date Salad« oder dem Cornbread oder mit beidem zusammen servieren. Auch eine gebackene Süßkartoffel passt super dazu. Das ist Soulfood, meine Lieben. Genießt es und lasst mich wissen, wie es euch geschmeckt hat.

Tipp: **Die beste Art, Barbecue Chicken zu essen, ist in Verbindung mit einem eiskalten Bier (oder alkoholfreiem Bier, wenn ihr müsst). So oder so ist Bier ein Muss! Bon appétit.**

PS: **Es ist okay, die Finger abzulecken, das ist ja die Idee bei diesem Rezept!**

Soulfood

für den Körper

Fitness und Zehenspitzen

Die Inspiration für dieses Buch entstand ursprünglich eines Tages aufgrund eines Vorfalls in meinem Fitnessstudio, während ich meine schweißtreibenden Übungen absolvierte. Es war geradezu ein Aha-Erlebnis. Ich trainierte damals zwei- bis dreimal in der Woche oder so oft es eben ging. Dabei nahm ich jedes Mal den weiten Weg quer durch ganz München in Kauf, weil ich verrückt nach dieser besonders schönen Sauna ausschließlich für Frauen war. Zwischen den Trainingseinheiten war ich immer wieder kurz in der Umkleidekabine. Einmal war die Kabine ziemlich voll mit Frauen, die sich umzogen, Föhne liefen auf Hochtouren und alle Spiegel waren besetzt. Lippenstift und Make-up wurden aufgetragen und während ich mich in meine winzige Sporthose quälte, betrachtete ich heimlich aus dem Augenwinkel diese zierliche junge Frau in Größe 34, ungefähr Mitte 20, die sich im Spiegel bewunderte. Es war offensichtlich, dass sie gerade ein Vermögen für ihr brandneues Dessous-Set in pink, schwarz geschnürt, ausgegeben hatte. Meine Schwestern, ich sage euch: Sie war ein richtiger Hingucker für jede Frau und jeden Mann. Sie stand vor dem letzten freien Spiegel und drehte sich immer wieder um sich selbst, ihr wisst schon, so wie wir es tun, wenn wir ein total tolles Teil in einer Boutique ergattert haben und es zum ersten Mal in der Umkleidekabine selbstverliebt an uns anschauen. **Erinnert ihr euch an euer erstes schönes Kleid und wie ihr euch gedreht habt, um zu sehen, wie hoch es beim Tanzen nach oben wirbelt?** Ich weiß nicht warum, aber manchmal war es Teil des Kleiderkaufrituals und dann musste ich mich einfach im Spiegel drehen, bevor ich zu den anderen Mädels in der Nachbarschaft lief, um ihnen meine neuen Klamotten zu zeigen.

Diese junge Frau erinnerte mich also wieder an jene Tage, und genau wie ich meine Augen nicht von ihr und ihren sexy Dessous lassen konnte, so konnte sie nicht widerstehen und zeigte uns beides, ihren Dreher und ihre unbändige Freude. Sie

hatte ihrem süßen kleinen Dreher aber noch ein Detail hinzuge-
fügt, indem sie versuchte, ihre beiden Hinterbacken mit in den
Spiegel zu bringen. Auf Zehenspitzen balancierend wie eine
Ballerina dachte sie wahrscheinlich: Hmm, wie mein Hintern
wohl darin aussieht? Ich dachte: Wird sie durchhalten oder
doch langsam das Interesse am Schauen verlieren? Wow! Es
war wundervoll anzusehen, wie es ihr durch viele schweißtrei-
bende Stunden im Studio gelungen war, ihren Körper so zu formen. Es hatte sich ausgezahlt und sie war wirklich sexy. Mit
einem inneren Lächeln dachte ich bei mir: **Gut gemacht, Mädchen!** Doch als ich mich dann abwandte und nach anderen
Frauen im Raum Ausschau hielt, die ihr dieselben positiven
Energien entgegenbrachten, musste ich zu meinem Erstaunen
feststellen, dass die Frauen, die sie ebenfalls betrachteten, dies
mit Abscheu oder sogar Ekel taten. Wenn Blicke töten könnten,
wäre sie auf der Stelle tot umgefallen. Ich brauche nicht zu erwähnen, wie schockiert ich war. Was war denn nur passiert?
Haben wir tatsächlich vergessen, wie es war, als wir noch junge
Mädchen waren und die Freundinnen in der Nachbarschaft die
neuen Kleider bewunderten, die Mama für uns gekauft hatte?
Das war doch immer ein ganz besonderer Tag der Freude und
des Glücks. Und jetzt, da wir Frauen geworden sind, soll dieses
Gefühl auf einmal weg sein?

Höchste Zeit, dieses Buch zu schreiben!

Popo-Tag

Wir alle haben manchmal einen dieser besonderen Tage, ich
nenne ihn gerne den »Popo-Tag«. Du wachst auf mit einem super Gefühl, Make-up und Morgentoilette gehen dir leicht von
der Hand, deine Stiefel sehen klasse aus und weil du in den vergangenen beiden Tagen weniger Kohlenhydrate gegessen hast,
ist dein Bauch schön flach. Der Hosenanzug kommt frisch aus

der Reinigung und du wirst diese weiße Bluse tragen, die deine Brüste besonders zur Geltung bringt.

Ohrringe – check!
Lippenstift – check!
Nagellack – perfekt!

Du machst vier elegante Drehungen vor dem golden umrahmten Spiegel im Flur, schnappst lässig deinen Schlüsselbund, den du heute Morgen mal nicht zu suchen brauchst, und wie du beschwingt die Haustüre hinter dir zuziehst, denkst du: »Verdammt, sehe ich heute heiß aus!«

Ob in der U-Bahn oder im Auto auf dem Weg zur Arbeit, überall lächeln dich Passanten gleich welchen Geschlechts an. Also lasst uns die Wahrheit mit Liebe sagen, sollen wir? Wir denken: »Mann, muss ich heute super aussehen, weil mir alle zulächeln oder Hallo sagen! Ich habe einen perfekten Popo-Tag, jawohl!« Du bist pünktlich angekommen, weil sogar der morgendliche Berufsverkehr heute nicht so chaotisch wie immer war, summst eine Melodie, die du eben noch im Autoradio gehört hast, und fühlst dich einfach wohl, weil dein Popo perfekt ist.

Doch dann: Rums! Fräulein Ich-habe-heute-einen-schlechten-Tag fährt schon ihre Antennen aus, während du noch fröhlich deine Guten-Morgen-Wünsche durch die Büros der Kollegen zwitscherst. Und die Radiowellen ihrer Antennen senden ein eindeutiges Signal aus: »Biep-biep-biep-biep – sie hat einen super ›Popo-Tag‹ – zerstöre diesen Tag! – mach ihn kalt, sofort!« Ihre Antwort auf dein zwitscherndes »Guten Morgen« ein grollendes Murmeln, das in Zickensprache übersetzt etwa so viel bedeutet wie: »Du kannst mich mal!« Also warum tut sie das? Warum passiert so etwas Tag für Tag in Banken, Drogerien, Büros, auf dem Markt, überall? Warum?

Die Frau in der U-Bahn

Eines Tages bemerkte ich während der Fahrt mit der U-Bahn eine elegante ältere Dame. Sie muss Ende sechzig, vielleicht sogar Anfang siebzig gewesen sein. Sie war *dressed to kill*, wie wir in den Staaten sagen, also perfekt gekleidet von Kopf bis Fuß. Ihr schwarz-gelber Tweed-Anzug harmonierte mit ihrer Tasche und dem Hut, dazu passende Handschuhe, ebenfalls in Schwarz-Gelb. Ihr Make-up war makellos und wenn ich einen Vergleich hätte wagen dürfen, würde ich auf die ältere Schwester von Jackie Kennedy setzen. Sie saß ganz alleine und mit einem Anflug von Traurigkeit im Gesicht in einer Bank zwei Reihen vor mir, aber wir konnten uns gegenseitig gut sehen. Ich erinnere mich auch noch gut daran, dass ich dachte: »Sie muss einsam sein. Ob ihr heute wohl schon jemand gesagt hat, wie toll sie aussieht?« Also schickte ich ihr meine »Schau-mich-an!-Energie«. Als ihr Blick den meinen endlich traf, zeigte ich auf ihr Outfit, deutete eine Bewegung von Kopf bis Fuß an, nickte höflich und zeigte ihr meinen erhobenen Daumen. Noch heute kann ich in Gedanken das strahlende Lächeln auf »Jackies« Gesicht sehen, wenn ich ab und zu U-Bahn fahre. Ich werde nie vergessen, wie sie die Schultern bewegte, ihre Brust sich anhob und sie um zehn Zentimeter zu wachsen schien, bevor sie ein letztes Mal ihren Hut im Spiegel zurechtrückte und mir beim Aussteigen lächelnd und dankbar zuwinkte. Sie war so stolz und glücklich und alles, was ich getan hatte, war, ihr mit einem Fingerzeig zu bedeuten, dass sie heute fabelhaft aussah. Um alles in der Welt würde ich wetten, dass auch sie an jenem Tag von da an einen wundervollen »Popo-Tag« hatte.

Warum fühlen wir uns bedroht oder verunsichert, wenn eine Mitarbeiterin, Freundin, Fremde oder einfach die Frau neben uns an der Kasse im Supermarkt einen solchen Glückstag hat? Ist es so schwer, ihr dann ein Kompliment zu machen oder ihr ein Lächeln zu schenken? Was würde mit uns geschehen, wenn wir es doch täten? Leidet dann unser eigenes Aussehen darunter oder wird am Ende unser eigener verletzter und gedemütigter Popo ein wenig durchhängen? **Nimmt es mir einen Teil meiner eigenen Schönheit, wenn ich dir sage, dass du großartig aussiehst?** Oder fühle ich mich weniger weiblich, wenn ich einer anderen Frau laut ein Kompliment ausspreche oder sie am Ende noch glaubt, dass ich lesbisch sei?

In einem meiner »Sista Oh Sista«-Vorträge haben wir einmal darüber gesprochen. Ich zeigte den Teilnehmerinnen ein Gemälde, auf dem zwei Frauen nebeneinander vor dem Spiegel stehen; die eine ist zierlich und klein und – ja, ich werde es euch ungeschminkt sagen – ohne Po und ohne Boobies. Die andere sieht eher aus wie ich: große Brüste, großer Hintern und breite Schenkel. Frage ich dann, welche der beiden Frauen schöner ist, stimmen achtundachtzig Prozent für die Frau ohne Rundungen. Obwohl einige aus dieser Gruppe insgeheim anderer Meinung sind, schließen sie sich nach außen hin der Meinung der Mehrheit an. Woher ich das weiß? Weil sie am Ende des Vortrags zu mir kommen, um über ihre wahren Gefühle zu sprechen. Wenn ich sie dann danach frage, warum sie das nicht offen gesagt haben, sagen sie: Aus Angst, nicht zur Gruppe zu gehören. Ist das nicht traurig? In den Vorträgen mache ich dann eine Übung mit den Frauen, indem ich alle aufstehen lasse und sie vor allen sagen müssen, was sie an ihrem Körper lieben. Dabei sind Augen und alles darüber sowie Hände und Füße tabu. Diese Übung ist besonders spannend, weil sie zuerst darüber sprechen sollen, was sie nicht an sich mögen. Das fällt allen sehr leicht und die negativen Dinge sprudeln geradezu aus ihnen heraus. Manche brechen anschließend in Tränen aus, wenn sie das erste Mal laut und vor anderen Frauen etwas Positives über ihren Körper erzählen sollen. **Ich liebe es, diesen Frauen eine Chance zu bieten, ihren Körper zu mögen und ihr wahres Selbst zu finden.** Ich sage oft, dass ich all die wunderbaren Dinge an meinem Körper kostenlos erhalten habe, wofür andere teilweise eine Menge Geld ausgeben mussten. Ich habe meinen großen Hintern von meiner Mutter, die Schenkel von meinem

Urgroßonkel Jonas und meine großen Brüste von meiner Großmutter – »Danke euch allen von Herzen, ich liebe euch!«.

Der Grund, warum ich das mache? Ich stamme aus einem Elternhaus, das mir immerzu sagte, dass ich zu dick sei. Ich
musste mir ständig Phrasen anhören wie: »Als ich so alt war
wie du, war ich niemals *so* dick!« oder »Du bist ein Elefant«
oder wahlweise »Nilpferd«. Und weil ich mit diesen Phrasen
von klein auf konfrontiert war und damit aufwuchs, glaubte ich
ernsthaft daran, dass ich zu fett und absolut nicht schön sei. Immerzu hörte ich, dass mein Körper nicht gut genug war für die
Welt da draußen, und erst mit etwa dreißig Jahren begann ich zu
realisieren, dass diese Kommentare, die ich als junges Mädchen
zu hören bekam, überhaupt nicht stimmten. Aber da war es
schon zu spät, denn ich hasste damals meinen Körper, was absolut traurig war, weil es mithin bedeutete, dass ich auch meine
Stimme hasste. Ich erwähne meine Stimme explizit, weil sie ein
wichtiger Teil meines Körpers ist, sie ist mächtig und gewaltig
und ich brauche sie für den Gesang, die Trainings und meine
Vorträge. Aber sie lebt in mir als fester Bestandteil meines Körpers. Wenn ich ihr die Möglichkeit bieten möchte, zu wachsen
und sich zu ihrem vollen Potenzial zu entfalten, so ist es für sie
lebenswichtig, dass ich auch den Körper akzeptiere und liebe,
in welchem sie wohnt. So wie ein Gärtner die Muttererde lieben
und hegen muss, in der seine schönsten Pflanzen gedeihen.
Schon wieder eine neue Herausforderung in meinem Leben,
unglaublich, oder? Ja, und weil diese saftige, nährstoffreiche
Erde dieselbe Farbe hat wie meine geliebte dunkle, zarte Schokolade, dachte ich mir, dass es auch unabdingbar ist, meinen
Körper immer wieder einmal mit dieser speziellen Form der
Erde zu pflegen.

Die schwierigste aller Herausforderungen für mich war jedoch, damit aufzuhören, mich unablässig mit anderen Frauen
zu vergleichen, zumal ich als Afroamerikanerin mitten im
weißen Europa natürlich schon von vornherein eine besondere
Aufgabe zu bewältigen hatte. Ja, Elizabeth, hör auf, dich in der

Sauna mit deren Oberschenkeln, Hintern oder Brüsten zu vergleichen, lass es einfach gut sein.

Stattdessen begann ich damit, Hunderte von diesen kleinen gelben Post-It-Aufklebern in meiner Wohnung zu verteilen, worauf ich Ermutigungen schrieb wie: »Du bist eine schöne Frau«, »Du hast einen knackigen Po«, »Du siehst heute wieder sexy aus, Baby« und so weiter. An der Haustüre hing: »Gehe wie ein Star und genieße das Gefühl!« In meinem Auto auf dem Armaturenbrett stand: »Ich liebe die Farbe deiner Augen und deiner Haut«. Unter meinem Kopfkissen im Schlafzimmer war einer für märchenhafte Träume mit: »Du hast tolle, wohlgeformte Schenkel!« In meiner Brieftasche, wo ich meine Quittungen aufbewahre, steckte ein weiterer Zettel: »Wie ich deine Brüste liebe!« Ähm, glaubt ihr, das war ein wenig zu viel des Guten? Na, dann möchte ich euch eine Frage stellen: Wie oft schauen wir über den Tag verteilt immer wieder in einen Spiegel und entdecken etwas Negatives; bei der Arbeit, auf der Toilette oder einfach im Vorbeigehen bei einer kurzen Überprüfung. Mein Ziel war es jedoch, etwas Gutes an mir zu entdecken, und zwar an jedem einzelnen Tag. Acht Monate lang ließ ich diese gelben Zettel hängen und ersetzte sogar herabgefallene wieder durch frische, neue, leuchtende Post-Its. Es half mir letztendlich dabei, mit meinem Körper eins zu werden. Ich gab meiner Stimme auch einen Namen, aber das ist eine ganz andere Geschichte.

Wenn ich einmal einen schlechten Popo-Tag hatte, also mich in meinem Körper nicht wohlfühlte, führte ich noch weitere Experimente durch. Es war wie der Kampf um die Bewältigung einer Sucht und meine Sucht bestand in der unablässigen negativen Beurteilung meines Körpers. Natürlich ist es überhaupt nicht einfach, die Meinung über sein Aussehen mal eben schnell zu ändern. Die beiden kleinen Stimmen in meinem Ohr hatten einen richtigen Krieg miteinander auszufechten: »Ja, glaube fest daran!« »Wen meinst du wohl belügen zu können? Werde vernünftig und stell dich der Realität!« »Los, weiter, du schaffst es!« »Auf gar keinen Fall, du Verlierer! Los, hol dir die

Kohlenhydrate! Du weißt, du willst sie!« und so weiter. Was ich allerdings herausfand, war die Entdeckung: **Je positiver ich über meinen Körper dachte, umso leichter begann ich in meine Kleider hineinzupassen.** Ich trainierte, ohne mich dabei kaputt zu machen, sondern eher in dem Versuch, mir während des Herumexperimentierens treu zu bleiben.

Einige Monate, nachdem ich diesen Prozess begonnen hatte, mich besser kennenzulernen, unternahm ich eines Tages einen Test. Ich fühlte mich richtig gut an diesem Tag und so ging ich in meine Lieblingssauna. Diese Anlage ist wirklich riesig, aber es waren nur acht bis zehn Gäste anwesend. Nach dem Saunieren begab ich mich in den herrlichen Außenbereich, der einer parkähnlichen Landschaft gleicht. Der weitläufige gepflegte Rasen hatte eine saftige grüne Farbe und war perfekt getrimmt. In der Mitte der Anlage ist ein kleiner Teich angelegt, in dem sich Goldfische tummelten. Die Sonne strahlte von einem perfekten blauen Himmel herab. Ich setzte mich auf eine dieser herrlichen Bänke aus massiven Holzplanken, die um den Teich herumstanden, und genoss die Sonnenstrahlen auf meinem Gesicht. Einer der Saunabesucher saß am anderen Ende des Teiches und ich ahnte mehr, als ich durch meine dunkle Sonnenbrille sehen konnte, dass er mich zu beobachten schien. Anstatt meinem alten Denkmuster zu folgen: »Du bist zu fett, dein Po ist zu dick, du musst noch ein paar Kilos abnehmen«, begann ich damit, nur positiv zu denken: »Ich bin glücklich. Ich bin gesund. Ich liebe diese Sonnenstrahlen auf meiner Haut. Ich kann mich entspannen, weil ich einen freien Tag habe« und so weiter. Wer etwas Positives denkt, so meine Theorie, strahlt eine besondere Energie nach außen ab. Manchmal können andere dies spüren, genau wie Bienen den Nektar. Dessen war ich mir bewusst. Auf einmal – voilà! – steht dieser Kerl auf und schlendert langsam am Teich entlang in meine Richtung. Als ich ihn auf mich zukommen sah, dachte ich, ob er wohl tatsächlich meinen gerade frisch angedachten Nektar spüren konnte? Ich habe mir schmunzelnd überlegt: »Wow, das funktioniert ja wirklich!« Er hingegen lief weiter, und während er an mir vorbeiging, warf er mir immer wieder einen kleinen Blick zu, selbst als er schon vorbeigelaufen war. Er hat mich aber nicht angesprochen, was auch nicht meine Absicht war. Und ja, ich hatte natürlich meinen großen und knuddeligen Sauna-Bademantel an, meine Damen. Auf gar keinen Fall zeigt sich Liz anderen einfach so in ihrem Evakostüm! So hatte ich mir bewiesen, dass es funktioniert.

Shake your shimmy!

Also nichts wie los mit euch! Hängt mit euren besten Freundinnen ab, macht euch gegenseitig Komplimente und sprecht eure Gedanken offen aus: »Oh ja, ich sehe heute heiß aus«, »Ich bin sexy« oder was immer euch gefällt. Steht auf, lauft herum und beobachtet, wie euch die Menschen nachschauen, während ihr diesen Augenblick genießt. Testet euren eigenen Nektar! Ich möchte, dass ihr euch untereinander anfeuert wie Fußballer vor einem wichtigen Spiel: **»Steh auf und sei stolz auf das, was du hast und was du bist!«** Diejenigen von euch, die den Film »Die Farbe Lila« gesehen haben, wissen, wovon ich spreche. Es ist die Szene, wo Shug für Miss Celie singt, nachdem diese sich ihrer angenommen und Shug gesund gepflegt hatte. Auf der einen Seite stehen im Film die perfekt herausgeputzten Damen. Auf der anderen sitzt Celie, allein, grau, scheinbar hässlich an einem Tisch und hält sich die Hände vors Gesicht. Sie ist eine Außenseiterin ohne jegliches Selbstwertgefühl. Shug ist mittlerweile wieder gesund, trägt ein rotes Glitterkleid und sieht bildschön aus. Sie fordert Celie in ihrem Lied dazu auf, sich ebenfalls ihrer selbst bewusst zu werden und singt: »*Shake your shimmy, my sista, ha*!« In etwa würde es bedeuten: **Sei stolz auf deinen Namen, deinen Körper, dein ganzes Wesen!** Shug tanzt dabei einen Shimmy, beugt ihren Brustkorb vor und macht diese kurze Schüttelbewegung mit ihren Schultern. Shug bedankt sich damit auch für die Freundlichkeit, Liebe und Fürsorge, die Celie ihr angedeihen ließ. Am selben Abend zeigt sie Miss Celie noch, wie schön deren Lächeln in Wirklichkeit ist. Dieser Teil bringt mich immer zum Weinen. Ich frage mich, wie viele von uns wünschten, sie hätten einmal im Leben jemanden wie Shug, der uns sagte, dass unser Lächeln schön und wundervoll ist.

Wenn ich eine Frau sehe, die gerade so glücklich ist, dass man es spüren kann, dann werde ich ihr weiterhin ebenfalls sagen, wie schön sie ist, was für ein tolles Kleid sie trägt, welch tolle Frisur sie hat. Versprochen! Bei der Arbeit, beim Sport, beim Einkaufen. Wenn ich es erkenne, werde ich es sagen. Das, meine Schwestern, ist meine Wahrheit mit Liebe! Wenn ihr jetzt fragt, wie ihr das anstellen sollt, falls ihr vielleicht zu schüchtern seid, um wildfremde Menschen anzusprechen, darf ich euch gerne mit auf den Weg geben: Beginnt zunächst damit, euren eigenen Körper zu lieben und ehren. Versucht auch die Sache mit den Post-Its, bei mir haben sie geholfen. Heftet eine kleine Notiz an den Rand eures Bildschirmes am Arbeitsplatz mit einer netten Nachricht, die euch lächeln lässt. Das Schwierigste dabei ist, erst einmal die ganzen schlechten Gedanken aus dem Kopf zu bekommen. Meine größte Herausforderung war der Umgang mit meinem PMS-Syndrom. Wenn ich spüre, dass es wieder so weit ist, lächle ich, nehme ein paar tiefe Atemzüge und sage zu mir selbst: »Geh weg, ich weiß, wer ich bin. Ich sehe schön aus und werde heute den Shimmy-Shake tanzen!« Für eure Mrs. Me-Nees, die mal wieder einen ganz schlechten Tag haben, gilt dasselbe. Geht hin und macht ihnen ein Kompliment. Sagt ihnen, was euch gerade an ihnen gefällt, egal was, und ratet ihnen ebenfalls zu positiven Gedanken. **Shake your shimmy, my sista, ha!**

Denn es ist doch so: Wenn ihr selbst nicht in der Lage seid, in euch Schönheit zu finden und sie zu genießen, wie wollt ihr dann jemals in der Lage sein, die Schönheit anderer zu entdecken, sie ihnen zu gönnen und zu genießen? Hier bekommt das Sprichwort »Schönheit liegt im Auge des Betrachters« eine doppelte Bedeutung. Wäre es nicht wunderbar, wenn wir diese besondere Art von Rassismus, der uns ständig durch die Medien vor Augen geführt wird, nämlich darüber, wie eine Frau auszusehen hat, beenden könnten? Eine meiner besten Freundinnen ist Fotografin und schilderte mir einen besonders drastischen Fall, bei dem nach einem Fotoshooting für ein Magazin ganz im Stil von Doktor Frankenstein die Beine des ersten Models mit dem Gesicht und dem Körper des zweiten Models kombiniert wurden. Danach kamen die Arme von Model drei in Verbindung mit den Händen von Model vier dazu und fertig war das Titelbild für ein Top-Magazin. So also (und das ist es doch, was die Redakteure uns weismachen möchten), sollen wir Frauen alle aussehen? Leider gibt es in der Tat schon sehr viele, die das ernsthaft glauben. In meiner Fantasie halte ich bereits bei meinen Freundinnen und Nachbarinnen Ausschau nach den passenden Beinen für meine Idealfigur. Vielleicht kann ich die beiden Prachtstücke ja vorher mit dunkler Schokolade (ohne Mandeln) ein wenig auf die richtige Farbe trimmen?

Ich möchte euch an einem Beispiel aus dem Tierreich näher erläutern, wie weit wir uns schon von der normalen Betrachtungsweise eines Körpers entfernt haben. Wenn ich meinen Kater Benjamin beobachte, während er sein tägliches Bad nimmt, sitzt er vor dem Spiegel im Schlafzimmer und wäscht sich sorgfältig von Kopf bis Fuß mit seiner Zunge. Er nimmt sich dabei alle Zeit der Welt, um sowohl die weißen als auch die glänzenden schwarzen Bereiche seines Fells ausgiebig zu pflegen. Nicht zu vergessen seine süßen weißen Pfoten. Hin und wieder, wenn seine Zunge eine Pause benötigt, streckt er sich, steht auf und gibt dem Rivalen im Spiegel eine Watschn. Danach jagt er ein paar Runden lang seinen eigenen Schwanz, bis er bemerkt, dass ich ihn beobachte und lache. Dann nimmt er wieder Platz und setzt sein Spa-Programm fort. Jetzt meine Theorie: Kein Tier, soweit mir das bekannt ist, nicht einmal mein sich vor dem Spiegel waschender Kater, wirft jemals einen kritischen Blick auf seine Pfoten oder den buschigen Schwanz, um dann zu denken: »Junge, Junge, mein Schwanz könnte auch ein paar Gramm weniger Fett in der mittleren Region haben« oder »Ich wäre sicher glücklicher und noch schöner, wenn meine andere Pfote weiß statt schwarz wäre« oder »Gott, ich hasse diese rosa Nase! Ich hätte viel lieber eine etwas mehr ins kupferbraun gehende.« Wir Menschen hingegen haben schon Hundefrisöre, Katzenkleider und lila Kühe geschaffen. Natürlich bin ich keine Katzenflüsterin, aber an der folgenden Tatsache kommen wir nicht vorbei: Viele von uns lernen bereits in einem sehr frühen Alter, bestimmte Dinge an sich nicht zu mögen und zu kritisieren. Obwohl ich davon überzeugt bin, dass wir bereits zum Zeitpunkt, wenn wir die Welt erblicken, perfekt sind.

Blutdruck

Auch bei Krankheiten, hohem Blutdruck oder wenn wir uns mit unserem Gewicht herumschlagen, sei es nun psychisch oder körperlich, gilt, dass wir uns mit unserem Körper im Positiven auseinandersetzen sollten. Während ich dieses Buch schrieb, alle meine Notizen durchging und gleichzeitig noch Unterricht und Coachings gab, hatte ich über einen Zeitraum von drei bis vier Wochen hinweg zahlreiche Anfälle von Kurzatmigkeit. Eines Tages während eines Coachings ging es mir dann so schlecht, dass ich kaum noch Luft bekam. Meine Klientin war zu Tode erschrocken und brachte mich sofort in eine Herzklinik in der Nähe, da sie sich sicher war, dass ich einen Herzanfall erlitten hatte. Nach einer gründlichen Untersuchung und einigen Tests stand jedoch fest, dass ich unter extremem Bluthochdruck litt. Euch allen möchte ich dringend ans Herz legen, niemals die Signale eures Körpers zu ignorieren! Sie wollten mich über Nacht zur Beobachtung in der Klinik behalten, aber der Mann im Bett neben mir schrie und stöhnte. Ich wusste, dass ich am nächsten Tag krank wie ein Hund sein würde, wenn ich die Nacht neben dieser kranken Seele verbracht hätte.

So machte ich mich lieber auf den Weg zu meiner Ärztin. Ich liebe sie, besonders wenn sie wütend wird. Dann bricht ihr schwäbischer Akzent heraus. Wenn ich einen besonders schlechten Tag habe, reden wir sogar Englisch miteinander. Wir überprüften meinen Blutdruck, also besser Frau Doktor überprüfte ihn. Keine von uns beiden war überrascht, dass er immer noch sehr hoch war. Um den Verlauf zu überwachen, bekam ich von ihr einen automatischen Blutdruckmesser verpasst, der jede Stunde eine Messung durchführt. Jede Stunde. Für vierundzwanzig Stunden. Auch nachts. Kein Spaß, sage ich euch! Das Ding geht jede Stunde los. Jede einzelne Stunde erwacht diese Höllenmaschine zum Leben, um furchterregende Geräusche zu produzieren. Stellt euch einen schönen Traum vor. Es ist neun Uhr und neunundfünfzig Minuten und ihr sitzt irgendwo auf einer Almhütte, die Vögel zwitschern, die Sonne geht blutrot hinter einem spektakulären Bergmassiv unter, vor euch auf dem großen, bereits stark verwitterten Holztisch steht eine Tasse dampfend heiße Trinkschokolade mit einem Klecks Sahne, und der Minutenzeiger auf der alten Uhr, die rechts an der Außenwand hängt, springt zärtlich auf die zwölf. PIIIIIEP – PSCH PSCH PSCH PSCH – RUUUUUUUUUUUUUUUUM – PFFFFFFFFFFFFFF – PIEP PIEP. Der Hüttenwirt in eurem Traum zerrt mit aller Gewalt an eurem Arm, drückt mit seiner Pranke zu, so fest er kann, und der Schmerz weckt euch jäh auf, bevor ihr auch nur einen winzigen Schluck von der Schokolade nippen könnt. Die Analyse meiner lieben Frau Doktor am folgenden Tag bewies, dass mein Blutdruck für mein Alter wirklich extrem hoch war. Klar, dachte ich, obwohl ich keinen Pieps sagte. Natürlich habe ich einen verdammt gefährlich hohen Blutdruck, nachdem ich die Nacht mit dieser Höllenmaschine verbracht habe. Hat sie überhaupt eine Vorstellung davon, wie

laut das Ding war? Ich hatte bestimmt Alpträume vor lauter
Angst und Panik, jemand würde mir im Schlaf den Arm ausrei-
ßen. Und das jede einzelne Stunde. Hallo?

Unbeeindruckt von meinen nicht ausgesprochenen Gedanken beschloss Frau Doktor, dass ich dringend Medikamente benötigen würde. Zudem sollte ich auf Kaffee verzichten. *Was
sollte ich aufgeben? Kaffee?? Niemals!* Wie soll ich denn jemals
im Leben wieder auf die Toilette gehen können? Ich brauche
meinen Kaffee, um mir »die Nase zu pudern«. Meine Frau Doktor war immer noch sehr unbeeindruckt von meinen Sorgen
und schickte mich mit einem Rezept nach Hause. *Home, sweet
home!* Das Medikament machte mich so schläfrig, dass ich
mich nicht mehr auf mein Buch konzentrieren konnte. Ich
musste Termine absagen und musste Tee trinken, während ich
mir dabei zuhörte, wie das Blut in meinem Kopf zu kochen begann. Ehrlich! Wenn ich sage kochen, meine ich das Gefühl,
wie wenn ihr hungrig seid und der Magen knurrt, nur eben im
Kopf.

An einem Nachmittag stand ich in der Küche, schaute zum
Fenster hinaus und beobachtete die Nachbarskinder beim Spielen. Sie liefen wild schreiend vor Glück und Übermut in den
Garten hinaus, während mir mit einem Mal große Krokodilstränen über die Wangen liefen. Ich weinte und schluchzte und war
so unglücklich wie schon lange nicht mehr. **Was hatte ich meinem Körper da nur angetan?** Der Körper, dem ich immer wieder
sagte, wie sehr ich ihn liebe, und der mein ganzer Schatz ist.
Das war schon eine tolle Art von mir, ihm zu zeigen, wie sehr
ich ihn liebe. Dass er beinahe einen Herzanfall erlitten hätte.
Um Himmels willen! Und diese Blutdruck-Pillen würden mir
vollends den Rest geben. Also ging ich auf die Jagd im Keller
und buddelte aus einem verstaubten Umzugskarton mein altes
Buch über natürliche Heilmethoden aus. Ich schlug unter B wie
Bluthochdruck nach und da stand es schwarz auf weiß: Dieses
unmögliche Buch empfahl mir, auf alle weiteren meiner Lieb-
lingsspeisen zu verzichten. Alles, was ich gegessen hatte, seit

ich mir meinen Lebensunterhalt selbst bestreiten kann, war auf der schwarzen Liste der verbotenen Lebensmittel. Oh Gott, oh Gott, oh Gott. Ich konnte es nicht glauben! Das war nicht fair!

Ich rief noch mal bei meiner Frau Doktor an, ließ mir einen Termin geben und nahm mein schlaues Buch mit. Wir setzten uns in eines ihrer Behandlungszimmer und lasen den Abschnitt Blutdruck zusammen durch, denn ich wollte die Medikamente, die sie mir verordnet hatte, nicht für den Rest meines Lebens einnehmen. Ich hatte das Gefühl, dass mein Körper sich mit allem, was er hat, gegen diese Pillen zur Wehr setzte. Er schien mir sagen zu wollen: »Lass diesen Mist mit Pillen und den ganzen Quatsch, sondern kümmere dich endlich um mich. Bring das in Ordnung! Jetzt!« Afroamerikaner neigen im Allgemeinen zu hohem Blutdruck, weil wir frittierte Lebensmittel lieben. Im Besonderen trifft das auf die in Louisiana wohnenden Afroamerikaner zu, denn die packen auf alles noch einen Batzen geschmolzene Butter und etwas Liebe. Oh Gott, ich darf keine Butter mehr essen! Meine Frau Doktor umarmte mich voller Mitgefühl und Stolz, weil ich versuchen wollte, auf Medikamente zu verzichten.

Ich wollte meinem Körper zeigen, dass ich es ehrlich mit ihm meinte, ihn respektiere und mich auf natürliche Weise heilen wollte. Ich möchte dabei alle, die es mit Medikamenten versuchen und schaffen, nicht diskreditieren, o.k.? Doch meinem Körper war ich es schuldig, ihm zurückzugeben, was ich ihm jahrelang vorenthalten habe. Wenn das alles nicht helfen würde, konnte ich immer noch auf die Medikamente zurückgreifen, denn bei diesem Vorhaben hatte ich den Segen einer Fachärztin, um das Risiko zu minimieren.

Der nächste Weg führte mich in einen Bioladen, weil Liz auf so einiges verzichten musste: Salz, Zucker, Kaffee, Butter und alle verwandten Milchprodukte. Stattdessen sollte es Soja sein. Kein rotes Fleisch mehr, was bedeutete, auch meine geliebten BBQ-Ribs von der Einkaufsliste zu streichen. Oh Mann, das war hart! Vor allem mit Käse tat ich mir schwer. Keinen alten Gouda oder Old Amsterdam, keinen Cheddar. Langsam begann ich daran zu zweifeln, ob ich diese Reise zurück zu einer gesunden Ernährung würde bis zum Ende gehen können. Es machte mich jetzt schon fertig! Mein Körper mischte sich jedoch in diese Selbstzweifel ständig mit ein: »Liz, was ist jetzt? Du oder ich? Wie wirst du dich entscheiden?« Vorbeizugehen an den Freunden aus der Käsetheke war die Hölle. Ihr müsst wissen, dass mich die meisten persönlich mit meinem Vornamen anreden. Wir duzen uns, nennen uns bei unseren Kosenamen wie »Honey« und »Süße«. In dem Moment, wo ich an der Auslage vorbeiging, ohne sie auch nur eines Blickes zu würdigen, hätte ich schwören können, ihre verzweifelten Schreie zu hören. Wie sie gegen die Glasscheibe hämmerten mit ihren zarten, weichen Armen aus paradiesischen Aromen, während sie meinen Namen riefen: »Liz?! Liz! Komm zurück, Liz! Wo gehst du denn hin? Wir lieben dich! Komm zurück, und nimm uns mit. Schmecken wir dir denn nicht mehr?« Ich denke, der alte Ammy (Old Amsterdam) hatte Tränen in den tief in den Höhlen liegenden Fettaugen. Während ihm ein dicker Tropfen die honigmelonengelben Wangen hinablief, huschte ich so schnell ich konnte um die nächste Ecke und verdrückte ebenfalls eine Träne im Augenwinkel. Mein Körper jedoch gratulierte mir überschwänglich, während er sich langatmig darüber ausließ, wie stolz er auf mich wäre. Aber es war so schwer. Ich hätte nie gedacht, dass es so schwer werden würde. Später werdet ihr auch eines meiner neuen gesunden Rezepte finden, das unglaublich lecker schmeckt. Es heißt »No Date Night Salad«, weil ich so viel Knoblauch drinhabe, dass an ein Date nicht mehr zu denken ist.

Und wie geht es mir jetzt? Mein Blutdruck ist sehr gut. Kaffee habe ich aufgegeben, das heißt, ich trinke jetzt entkoffeinierten mit Sojamilch und entweder einem Löffel Honig oder Ahornsirup. Wenn ich auf Reisen bin, gönne ich mir ab und zu eine Scheibe Käse. Doch zu Hause musste er leider ausziehen, ich erlaube keinem meiner Freunde mehr, in meinem Kühlschrank zu wohnen. Rotes Fleisch ist ebenfalls tabu. Der Erfolg gibt mir recht, denn meine Haut ist glatter und seidiger, ich bekomme keine Pickel mehr, habe etwa sieben oder acht Kilo abgenommen, was ich aber nicht nachmessen kann, denn ich wiege mich nie. Aber meine Kleider passen mir wieder und ich habe mehr super Popo-Tage als jemals zuvor.

Denjenigen von euch, die ebenfalls auf dem Weg von einem hohen Blutdruck herunter zur Normalität sind, rate ich, auf alle üblichen Gaumenfreuden zu verzichten. Probiert es einfach zwei bis drei Monate lang aus, wenn ihr könnt. Doch bevor ihr beginnt, löst euch von dem Gedanken, auf gar keinen Fall auf dies oder jenes zu verzichten. **Meine beste Idee war, mir selbst immer wieder vor Augen zu halten, wie ich meinem Körper täglich ein riesiges Weihnachtsgeschenk bereite.** Dadurch wurde es mit jedem Tag ein wenig leichter, denn ich wusste, dass ich meinem geliebten Körper das Geschenk des Lebens und der Gesundheit zurückgeben konnte! Übrigens: Ich habe viele Recherchen betrieben bezüglich Schokolade und Blutdruck. Letztlich kam ich zu dem Schluss: Wenn mein Körper das Bedürfnis hat, gebe ich ihm ein Stück, aber nur von der guten schwarzen Zartbitterschokolade.

»Wenn du anfängst, daran zu glauben, so wirst du auch beginnen, entsprechend zu fühlen, zu denken und zu leben.«
UNBEKANNT

Sweet Potato for a sweet potato

Dieses Rezept ist einfach und schnell. Es ist ideal für kalte Nächte, wenn ihr z.B. noch etwas am Computer zu erledigen habt. Wärmt den Ofen auf 200 °C vor und holt euch etwas Aluminiumfolie.

- Pro Person eine große Süßkartoffel
- 1 Prise Salz
- 3 TL Kürbiskern-Öl

Ich verwende Bio-Süßkartoffeln. Wascht eure Süßkartoffel, legt sie auf ein Stück Alufolie, stecht mit einer Gabel ein paar Löcher hinein (ungefähr viermal mit einer vierzinkigen Gabel). Dann gebt zwei bis drei Teelöffel Kürbiskern-Öl auf die Kartoffel und rollt sie darin, bis sie gleichmäßig benetzt ist. Anschließend streut eine Prise Salz auf die Kartoffel, ich verwende am liebsten Himalaya-Salz. Und dann ab damit in den Ofen und zurück an den Computer. Natürlich müsst ihr vorher die Kartoffel noch fertig einwickeln, wobei ihr darauf achten solltet, dass die Folie unten dicht ist, damit kein Öl in den Backofen tropft. Lasst sie für eine Stunde backen, dann sind sie bereit für euch. Guten Appetit!

Tipp: Manchmal nehme ich noch zwei Teelöffel Butter dazu. Das ist nicht zu viel und so muss ich mich nicht schuldig zu fühlen. Aber es schmeckt dafür umso leckerer.

Soulfood

für Mamas

Fly me to the moon!

Ich war wieder einmal auf dem Weg nach Köln. Mir kommt es vor, als würde ich im Augenblick nichts anderes tun als auspacken, waschen und wieder einpacken. Das macht mich noch wahnsinnig! An diesem Morgen wachte ich nach lediglich drei Stunden Schlaf auf, weil ich am Abend zuvor mit meinem Professor einen Auftritt als Sängerin hatte, der sehr lange dauerte. Mein Flug am Morgen war für 07:45 Uhr angesetzt, Check-in 07:15 Uhr. Alles, was ich brauchte, hatte ich am Abend zuvor zum Glück schon gepackt, und in den nächsten vier Tagen würde ich wieder ohne mein Bett, meine Dusche und meine geliebte Kaffeemaschine sein. Gott, ich liebe meine Arbeit wirklich, aber nicht an diesem Morgen.

Fahrer pünktlich zur Stelle – check.
Fahrt zum Flughafen ohne Stau – check.
Einchecken am Schalter – check.
Sicherheitskontrolle – negativ!

Ich hatte bewusst auf meinen geliebten Bra mit all den Metallbügeln, Verschlusshaken und Verstellklammern verzichtet, damit der Detektor nicht losgeht, wenn ich durch die Sicherheitsschleuse gehe und – beeeeeeeeeep! So ein Mist! Also Leibesvisitation, wobei die Dame vom Sicherheitspersonal es an diesem Morgen ganz genau nahm. Ich fliege ja mindestens einmal pro Woche zu irgendwelchen Terminen. Normalerweise dauert die Prozedur keine zehn Sekunden. Heute jedoch hatte irgendein Gegenstand an mir ihre ganze Aufmerksamkeit erregt. Sie hatte mich wirklich von oben bis unten mit ihrem Scanner abgetastet, als wäre ich ein Terrorist, und das um sieben Uhr morgens. Wenn sie nicht endlich damit aufhören würde, in meinen Dreadlocks nach Atombomben zu suchen, würde ich vielleicht wirklich noch zu einer Terroristin. Ja genau, da ist die Riesenbombe, genau da, etwas weiter rechts an meinem Ohr, ja, genau ... Arrrgh! Die kleine Stimme in meinem Ohr flüsterte mir zu: »Ruhig, Liz, du hattest nur drei Stunden Schlaf. Komm runter und atme ... gutes Mädchen!«

Nach gefühlten fünf Kilometern Fußmarsch mit Rucksack und Laptop pünktlich am Gate angekommen – check.

Meinen Platz am Fenster eingenommen und mich bereit gemacht für weitere 50 Minuten Ruhe – check.

Plötzlich begann neben mir eine zarte Kinderstimme zu murren. Dann wurde die Stimme langsam immer lauter und höher. Das Geräusch erinnerte mich an einen alten Ford T-Model mit Handkurbel, der jedoch beim Anlassen jetzt eher wie eine junge Ziege meckernd stottert, immer wieder ausgeht und beim wiederholten Startversuch dann schließlich mit einem lauten Aufheulen anspringt. Auch diese Kinderstimme war jetzt angesprungen, lief warm und auf einmal, als ob jemand das Gaspedal voll durchgetreten hatte, entfuhr den Lungen ein Schrei aus tiefster Seele in der Frequenz eines klaren und reinen dreigestrichenen c''', wie man es auf jedem handelsüblichen Klavier sehr weit rechts auf der Klaviatur findet. Als Stimmtrainerin war mir in diesem Moment bereits klar, dass dieser Junge den Ton schon eine ganze Weile lang geübt haben musste, da er ihn problemlos für ganze neunzig Sekunden halten konnte, ohne zu atmen! Wow, was für ein Talent! Ich schaute meinen Sitznachbarn an und lächelte, aber innerlich dachte ich: Auf gar keinen Fall passiert *mir* das jetzt gerade. Ihr kennt sicherlich den alten Spruch, dass Gebete mehr Kraft besitzen, wenn viele mitbeten, aber ich war bestimmt die Einzige, denn dieses Kind hatte jetzt erst so richtig angefangen. Im Abstand von drei Minuten wiederholte er dieselbe Prozedur inklusive dem Grande Finale auf dem hohen c'''. In den Pausen dazwischen konnte ich immer ein sanftes »Pschhhhhhth!« hören, das entweder von der Mutter oder der Großmutter kam.

Damit kein komischer Gedanke bei euch entsteht, möchte ich betonen, dass ich Kinder sehr, sehr gerne mag. Mein Patenkind liebe ich besonders, vor allem wenn es mich »Tante Liz« nennt.

Ich liebe auch meine Nichten und Neffen und wirklich: Ich arbeite doch mit Jugendlichen in meiner Freizeit in einem Jugendgospelchor und fühle mich stark genug, um all die Dinge zu ertragen, die mir meine Kids so ab und zu an den Kopf werfen. Aber an diesem Morgen um 07:50 Uhr war es sehr schwer. Sollte er nicht schlafen oder an seiner Flasche nuckeln oder warum ist denn seine Milchbar nicht geöffnet? Dann kam auch noch die Durchsage über die Bordlautsprecher, dass sie ein kleines Problem hätten und sich der Abflug noch um fünf Minuten verzögern würde. Aus den fünf Minuten wurden vierzig, doch wir waren immer noch am Boden – mit den Nerven und mit dem Flugzeug! Mir fiel der Spruch meiner Nachbarin Liesel ein, die mir ab und zu Bayrischunterricht gegeben hatte: »Liaber drei Minutn spater losfliagn, ois in zwoa Minutn tot sein!« Also beschwerte ich mich nicht darüber, dass wir immer noch nicht abgeflogen waren. In der Zwischenzeit holten mich Gedanken aus meiner eigenen Kindheit ein. Hätte ich auf einer Reise zusammen mit meiner Mutter in einem Flugzeug mit fremden Menschen so laut gebrüllt, meine Mutter hätte mich nur angeschaut und alle Tränen wären augenblicklich versiegt. Ich schwöre, sie hätte zu mir mit leiser Stimme gesagt: »Entweder du hörst sofort auf zu weinen oder ich gebe dir einen Grund dazu.« Dieses Kind kann sich glücklich schätzen, nicht meine Mutter zu haben.

Nach dem fünften Akt unseres Privatkonzertes von »*Meaner the Screamer*« (Kleiner Schreihals in C-Dur) war ich soweit: Ich oder er! Also fragte ich meinen Nachbarn, ob ich aufstehen könne, um in den vorderen Bereich des Flugzeugs zu flüchten. Die Flugbegleiterin sah mich nur mit einem entschuldigenden Kopfschütteln an und bot mir einen Platz in einer der vorderen Reihen an. »Endlich lärmfrei!« war mein erster Gedanke, nachdem ich mich gesetzt hatte. Oder doch nicht? *Nein*! Ich konnte ihn immer noch hören, zwar nicht mehr ganz so laut, aber das hohe c''' machte mich immer noch fertig. Andere Passagiere folgten meinem Beispiel und kamen nach und nach in den vorderen Teil der Maschine. Ein bayerisches Pärchen setzte sich leise fluchend in die Reihe hinter mir: »Sog amoi, gibts an Schoita, um den plärradn Schratzn abzumstoin?« Leider schien auch die Mutter des Jungen den Abstellknopf nicht zu kennen. Da ich schon einige Jahre in München lebe, hatte ich dank Liesels Unterricht geglaubt, bereits ein umfassendes bayerisches Fluchrepertoire entwickelt zu haben, aber ich verstand nur einen Bruchteil dessen, was dieser wütende Bayer seiner Frau an Beschimpfungen anvertraute. Vielleicht waren es ein paar brandneue Flüche, auf alle Fälle war er sehr nahe am Rande seiner Selbstbeherrschung. Mit fünfzig Minuten Verspätung hoben wir dann endlich ab. Ich war ein wenig eingedöst, doch dann hörte ich *Meaner the Screamer* wieder so deutlich, also würde er unmittelbar neben meinem Ohr sitzen. Oh bitte, nein, nein, *nein!* Als ich die Augen öffnete, führte ihn seine Mutter gerade durch das Flugzeug. Er lief vor ihr her und hatte beide Arme hoch über seinen Kopf gestreckt, krallte sich mit seinen winzigen Händen an Mamas Daumen fest und schrie mit jedem Schritt aus voller Kehle. Ich hörte den Bayern hinter mir einen weiteren nagelneuen Fluch murmeln und etwas in der Art wie: Kinder gehören nach Hause und nicht in Flugzeuge.

Endlich gelandet machten wir uns auf den Weg zur Gepäckausgabe und ratet, wer um die Ecke bog, friedlich an Omas Busen kuschelnd und auf ihrem Schoß sitzend, die jetzt in einem Rollstuhl saß: richtig! *Meaner the Screamer*, und er hatte die Frechheit, auf einem Stück süßer, leckerer brauner Schokolade ... äh, wo war ich? Richtig, Schokolade zu kauen, welche jetzt über sein ganzes Gesicht verschmiert war. Ruhig, friedlich und glücklich. Kein Laut kam über seine Lippen. »Der kleine Stinker«, schmunzelte ich in mich hinein. Seine Mutter aber, und das konnte ich sehr genau beobachten, hatte den Blick die ganze Zeit über gesenkt. Ich bin mir ziemlich sicher, dass sie sich am liebsten in Luft aufgelöst hätte, wenn sie die Chance dazu bekommen hätte. Die anderen Passagiere starrten *Meaner the Screamer* mit einem Blick an, dass ich wusste, würde man ihn auch nur zwei Minuten von der Mutter trennen, hätte sein letztes Stündlein geschlagen. Ich konnte den puren Hass richtig spüren. Ich machte es mir kurz in einem der Sitze bequem und musste auf einmal laut auflachen, woraufhin eine Frau ganz in meiner Nähe mich anschaute, als hätte ich komplett den Verstand verloren. Ich sagte zu ihr:»Schauen Sie sich um, alle Menschen um uns herum sind so wütend auf den kleinen Jungen.« Sie erwiderte scharf:»Wer reist denn so? Sie hätte einen Schnuller oder ein Fläschchen dabei haben sollen.« Ich sagte: »Schauen Sie sich doch mal das ganze Gepäck an. Die müssen eine ziemlich lange Reise hinter sich haben und dann hat sie nicht nur den Kleinen am Hals, sondern muss sich auch noch um die Oma kümmern, die nicht gut zu Fuß ist. Und vielleicht hat der Kleine nur geschrien, weil seine Ohren zu waren?« Mit einem Mal sah ich den Ärger in ihren Augen verschwinden und sie nickte verstehend: In Wahrheit konnten wir nicht wissen, warum er immer versucht hatte, mit aller Macht dieses hohe c''' zu treffen.

Als ich vor ein paar Jahren von Colorado nach Texas flog, saß in der Sitzreihe gegenüber (in dieser Fluglinie waren die Sitze tatsächlich teilweise einander gegenüber angebracht) ebenfalls ein schreiendes Kind, welches um einiges älter war als dieser Junge. Er musste mindestens fünf oder sechs Jahre alt gewesen sein und seine Mutter starb fast vor Scham, aber es gelang ihr einfach nicht, ihr Kind zu beruhigen. Sie versuchte wirklich alles, von Keksen mit Milch über Videospiele oder auch Bücher aus seinem eigenen kleinen Rucksack bis zu zärtlichen Umarmungen und leisen geflüsterten Geschichten, wie man sie normalerweise in Wartezimmern von Ärzten vernehmen kann, aber nichts davon half. Es ist schon komisch, dass wir meistens vergessen, wie wir unsere eigenen Eltern manchmal in den Wahnsinn getrieben haben und dass zur Grundausstattung Kind nun einmal das Weinen als fester Bestandteil dazugehört. Wenn nichts anderes mehr funktioniert, weine! Ich beugte mich zur Mutter und sagte:»Wenn er einmal volljährig sein wird, können Sie die Geschichte verwenden, um ihn zu erpressen; Sie werden alles bekommen, was Sie wollen, und ich werde dabei Ihre Zeugin sein. Rufen Sie mich einfach an!«

Solche Schreianfälle sind uns allen bekannt und manchmal, mögen es Schmerzen im Ohr, schlimmes Heimweh oder einfach die Panik vor dem Ungewohnten sein, hilft jedoch auch gar nichts, um die Kleinen wieder zu beruhigen. Es gibt aber auch wundersame Sternstunden der erfolgreichen und nachhaltigen Beendigung solcher Anfälle, sollten sie nur inszeniert sein, um Aufmerksamkeit zu erhalten oder etwas Bestimmtes zu bekommen. Eine Freundin erzählte mir, wie sie die Wutanfälle ihrer Tochter im Kleinkindalter in den Griff bekam. Wann immer die Kleine nicht augenblicklich bekam, was sie wollte, warf sie sich auf den Fußboden, ganz gleich, wo sie war oder wer gerade dabeistand, und begann mit einem meiner Freundin bereits wohlvertrauten Ritual: Wild strampelnd schleuderte sie ihre winzigen Arme in alle Richtungen. Dabei hatte sie immer eines ihrer Augen einen winzigen Spalt breit geöffnet, um wachsam ihre Mutter zu beobachten, fast wie eine dösende Katze. Denn sollte dieser Teil des Wutanfalltheaters nicht funktionieren, folgte Teil zwei der grotesken Inszenierung und sie schrie aus vollem Hals, als wollte ihre Mutter sie umbringen. Dieser Teil des Dramas verfehlte seine Wirkung nie, denn sofort eilte eine für die Aufführung ausreichende Menge an Zuschauern herbei. Es war vollkommen klar, dass meine Freundin bei jeder dieser Aufführungen augenblicklich im Erdboden versinken wollte. Die Blicke der Umstehenden, die sehr wahrscheinlich dachten: »Warum kann diese Frau ihr Kind nicht ordentlich erziehen?«, taten ihr Übriges. Bis zu dem Tage, an dem meine alleinerziehende Freundin gestresst von der täglichen Arbeit in den Supermarkt hetzte. Darüber nachdenkend, was sie heute zum Abendessen kochen sollte, lief sie von einem Regal zum nächsten, als ihre Tochter ihr plötzlich mitteilte, dass sie jetzt dringend ein ganz bestimmtes Spielzeug brauchte, welches sie gerade im Regal entdeckt hatte. Auch an diesem Tag antwortete ihre Mutter wie immer mit einem leisen, aber bestimmten Nein, woraufhin automatisch Teil eins des gewohnten Rituals seinen Lauf nahm. Diesmal jedoch startete meine Freundin zum Erstaunen ihrer Tochter ihr eigenes Wutanfallprogramm: Rasch lief sie die kurze Strecke zu dem am Boden wirbelnden Bündel hin. Sie warf sich, ebenfalls wild um sich schlagend und mit den Beinen strampelnd, neben ihre Tochter auf den kalten Fußboden des Supermarktes und schrie los, als ginge es um ihr Leben. Ihre Tochter beendete schlagartig ihren Wutanfall, starrte ihre Mutter einen kurzen Moment lang fassungslos an, stand schweigend auf und verschwand ohne jeden Mucks mit eingezogenem Kopf um die Ecke in den nächsten Gang. Das Ganze war ihr so peinlich, dass sie eine ganze Zeit lang nicht mehr zu sehen war. Von diesem Moment an hatte das Mädchen nie wieder einen solchen Wutanfall in der Öffentlichkeit. Einige Mütter, die diesen spektakulären Stunt live miterlebt hatten, kamen mit bewundernden Blicken vorsichtig herbei und flüsterten der Mutter leise zu, dass sie das unbedingt auch einmal versuchen müssten, um sich dann vor Lachen zu schütteln.

Ihr Mamas da draußen, ich möchte diese Geschichte mit euch teilen, damit ihr erkennt, dass ihr nicht alleine seid. Das passiert vielen Müttern wie euch seit Generationen. Kopf hoch! Erzählt die Geschichte weiter, falls ihr einmal einer solch verzweifelten Frau in einem Flugzeug oder Supermarkt begegnet, deren Kind alle in den Wahnsinn treibt. Vielleicht sollten wir uns immer wieder daran erinnern, dass alle Kinder mit einem Stempel vom Himmel auf diese Welt kommen, auf dem geschrieben steht: »Achtung! Dieses Kind beginnt automatisch laut zu schreien, sollte irgendetwas nicht in Ordnung sein. Für Reklamationen richten Sie Ihre Gebete bitte direkt an unsere Geschäftsleitung.«

Obwohl ich selbst nie eine Geburt erleben durfte, ist es trotzdem so, dass die fürsorglichen Instinkte in meinem Körper vorhanden sind. Bei der Arbeit mit dem Jugendgospelchor gibt es

Tage, an denen ich so viel Liebe in mir fühle, dass ich jedes einzelne meiner Leihkinder umarmen möchte und dabei vor Freude strahlen könnte. Dann bitte ich Mama Universum um noch mehr Jugendliche, die sich unserer Gruppe anschließen mögen. Es gab eine Zeit, in der ich wirklich achtzig Teenager haben wollte. Habt ihr gehört? In meinem kleinen Probenraum achtzig pubertierende Jugendliche? Einer meiner Jungs im Chor hat daraufhin gesagt, ich möge doch bitte aufhören, Mama Universum um weitere Jugendliche zu bitten, denn wir hätten jetzt wirklich genügend. Damals waren es schon über vierzig. Wie auch immer, es gibt Tage, da kommen sie herein und du weißt genau: zu viele Süßigkeiten, mangelnder Schlaf, ein gemeiner Lehrer, ein schlechter Tag, nicht genügend frische Luft und so weiter. Da hilft dann nur tief ein- und ausatmen, denn ohne diese Atemübungen würde ich, Mutterinstinkte hin oder her, irgendeinen von ihnen erwürgen!

Eine Freundin aus früheren Tagen in New Orleans war alleinerziehend und sie brachte ihr Kind manchmal zu den Nachbarn mit den Worten: »Nimm du ihn, bevor ich ihn umbringe!« Dann lief sie eine Stunde um den Block, um sich abzukühlen. Ich habe großen Respekt vor dieser Frau, die den härtesten Job der Welt hat, aber dennoch realisiert, dass sie an der Grenze steht, und ihr Kind auch in dieser Krisensituation respektiert und liebt. Manche Frauen sind geborene Mütter, aber mir wurde diese Sicherheit in der Kindheit leider mit Schlägen ausgetrieben. Deshalb hatte ich immer Angst davor, selbst Mutter zu sein. Ich wollte unter allen Umständen verhindern, meinem Kind die körperlichen und psychischen Misshandlungen zuzufügen, welche ich als Kind erleiden musste. Zumal ich viel darüber gelesen habe, dass häusliche Gewalt sich über die Generationen vererben kann.

Schwiegermütter

Meine erste Heirat war in gewisser Hinsicht eine Flucht aus meinem bisherigen Leben. Mein New-Orleans-Bräutigam war ein warmherziger und fröhlicher Mensch, ein fantastischer Koch. Er machte das beste kreolische Hühnchen und sein hausgemachtes Gumbo (ein würziges, mit dunkler Mehlschwitze angedicktes Eintopfgericht der US-amerikanischen Südstaatenküche) war zum Sterben lecker. Noch wichtiger jedoch war, dass er der erste Mensch war, der mir offen ins Gesicht sagte, dass ich schön sei. Er war aber auch das Lieblingskind meiner Schwiegermutter, arbeitete hart, hatte einen guten Schulabschluss und machte auch sonst nie Schwierigkeiten. Wie heißt es schon im Alten Testament: Du sollst Vater und Mutter ehren. Er beherzigte diesen Spruch. Seinen kleinen Schwestern war und ist er immer noch ein wundervoller Bruder. Ehrlich gesagt habe ich mich gerade deshalb in ihn verliebt.

Seine Mutter und ich arbeiteten zusammen. Eines Tages machte sie den fatalen Fehler und bot mir an, ihr Sohn könne mich mitnehmen, wenn er im Auto käme, um sie abzuholen. So trafen wir uns zum ersten Mal. Er war so süß und schüchtern, wie er mich aus dem Rückspiegel heraus anlächelte, sodass die verrückte wilde Liz sich sofort in dieses süße, schüchterne Muttersöhnchen verliebte. Seine arme Mutter; ich war wohl nicht die Frau, die sie sich für ihn gewünscht hatte. Denn ich hatte keinen Südstaatendialekt, da ich aus Denver war, dann waren da noch zwei Jahre Altersunterschied und natürlich meine Hautfarbe. Ja, so sieht es wohl aus, meine Hautfarbe war der wichtigste Punkt, die war einfach zu dunkel für seine Mama. Nach der Hochzeit machte sie immer wieder Anspielungen wie: »Ich hoffe, meine Enkel werden nicht deine Hautfarbe bekommen« oder »Ich hatte ihn zuerst«. Ich begann bereits zu glauben, dass alle Geschichten, die jemals geschrieben worden waren, plus alle Kinofilme über Schwiegermütter wahr sein könnten. Warum war diese Frau nur so schrecklich zu mir, wenn es um ihren

Sohn ging? Ich habe damals ein Restaurant geleitet und mir sprichwörtlich den Hintern aufgerissen, um genauso viel Geld wie mein Mann nach Hause zu bringen. Ich war eine verantwortungsvolle, engagierte, gläubige, hilfsbereite und liebende Ehefrau, aber nichts von alldem schien sie zufriedenzustellen. Um ehrlich zu sein, wäre ich vermutlich immer noch verheiratet, wenn ich ihn damals davon hätte überzeugen können, mit mir nach Deutschland zu ziehen. Ich hatte meine Flügel bereits ausgebreitet und war bereit, davonzufliegen. Er leider nicht.

In meiner zweiten Ehe verliebte ich mich nicht nur total in meinen Mann, sondern darüber hinaus auch in meine Schwiegermutter. Obwohl ich von meinem Ehemann wieder geschieden bin, ist sie immer noch Teil dieses Ehevertrages. Nach zwei Wochen bot sie mir das Du an, was meinen damaligen Mann ziemlich schockierte, da seine früheren Freundinnen nie über ein Sie hinausgekommen waren. Bei unserem ersten Treffen zu dritt bereiteten wir mein berühmtes New-Orleans-BBQ-Shrimp zu und meine Schwiegermutter hatte sich zu diesem Anlass ziemlich hübsch gemacht. Man isst dieses Barbecue aber mit den Fingern, und so bat ich sie, sich etwas Bequemeres anzuziehen. Die Sauce besteht aus Butter, Olivenöl und Gewürzen und neben den üblen Flecken auf den Kleidern ist es darüber hinaus eine wahre Kalorienbombe. Am Ende wird die Sauce mit Brot aufgetunkt und die Finger abgeschleckt, mmh! Ich erinnere mich noch gut, wie sie mit einem stolzen Lächeln all ihre Butterflecke auf dem Sweatshirt abzählte, als sie uns zur Tür brachte. In diesem Moment dachte ich: Danke, lieber Gott, für dieses tolle Zwei-für-einen-Paket.

Was aber war es, das mich mit der einen verband und was ich mit der anderen nicht haben konnte? Beide hatten gearbeitet, aber meine zweite Schwiegermutter wurde Witwe und zog drei Kinder alleine groß. Sie musste den Führerschein machen und einen Job finden, um ihre Familie zu unterstützen, und arbeitete vor ihrer Pensionierung als Managerin. Weil wir uns bereits in den Neunziger-Jahren befanden, hatte sie Respekt vor Frauen, die ihren Weg alleine gehen mussten. Sie wusste genau, wie hart das Leben sein konnte und noch sein würde. Wir telefonierten mindestens einmal in der Woche. Sie hatte sich sogar die Zeit genommen, zu meinen »Fleischmarkt«-Auftritten zu kommen, und es war total süß, wie sie behauptete, man würde eine alte Dame wie sie doch gar nicht hineinlassen. Natürlich wussten alle Sicherheitsleute schon Bescheid, dass diese Frau ein VIP-Gast und die Schwiegermami von Liz ist. Übrigens nenne ich sie immer noch so: meine Schwiegermami. Diese Frau hat meine Seele mit unsichtbarer Nadel und Faden geheilt, und zwar mit ihrer Zeit, ihrer Liebe, ihrem Verständnis und ihrer Ehrlichkeit. Wir schlossen einen Pakt, uns immer die Wahrheit zu sagen, wie hart sie auch sein mochte, und wir haben dieses Versprechen niemals gebrochen. Nie hat sie mich verurteilt, sondern vielmehr ermutigt, all das zu sein, was ich sein wollte. Sie stand mir bei in schweren Zeiten und sie war auch die Erste, der ich mich anvertraute, als meine Ehe nicht so gut lief, lange bevor meine beste Freundin davon erfuhr. So vertraut gingen wir miteinander um. Also wo kommen diese Horrorgeschichten von bösen Schwiegermüttern und dem Krieg mit ihren Schwiegertöchtern her? Es ist doch, als stände es schon immer in den Sternen geschrieben: Du sollst deine Schwiegermutter hassen!

Frage ich andere Frauen, dann höre ich meistens unzufriedenes Gegrummel und alle sind erstaunt, wenn ich über die tolle Beziehung zu meiner Schwiegermutter berichte, obwohl ich von meinem Mann längst geschieden bin. Ich sage dann immer: Ja, ich bin geschieden, aber ich habe den Vertrag nur mit meinem Mann aufgelöst, nicht mit meiner Schwiegermami. Wie gesagt, ich bin selbst keine Mutter, aber wenn Mütter bereits eine klare Vorstellung vom Traumpartner für ihre Kinder haben, ob bezüglich des Aussehens oder des Benehmens, so kann das nur zum Krieg führen. Ich glaube fest daran, dass meine Schwiegermami Nr. 2 mich so mochte, wie ich war, und dass sie spürte, wie glücklich mein Mann und ich miteinander waren. Das war für sie das Wichtigste. Wenn es Mütter da draußen gibt, die ihre Schwiegertöchter und -söhne nicht so akzeptieren können, wie sie sind, dann bitte, gebt ihnen noch einmal eine Chance! Ich erinnere mich eben an ein Date mit einem achtunddreißig Jahre alten Kerl. Wer hätte ahnen können, dass er seine Wäsche noch zu seiner Mutter zum Waschen bringt? Das kann doch nicht wahr sein! Ich brauche wohl nicht zu erwähnen, dass diese Beziehung nicht lange anhielt. Liebe Mütter, wenn ihr diese Zeilen lest und euer Sohn, euer wundervoller Sohn, älter ist als, gut ich gebe euch dreiundzwanzig Jahre, nicht mehr! Dann helft uns zukünftigen Ehefrauen und euch als zukünftige Schwiegermamis. Gebt euren Söhnen eine kurze Einweisung in Weiß-, Bunt- und Schwarzwäsche, tut uns Frauen einen Gefallen und lasst los!

Auf gar keinen Fall möchte ich damit die Frauen verurteilen, die Hausfrau und Mutter sind und sich mit Leib und Seele um ihre Kinder kümmern. Sie haben Hunderte von Jobs zur selben Zeit: sind Chauffeur, Bügelhilfe, Wäscherin, Managerin, Seelsorger, Köchin, Krankenschwester und vieles mehr. Und abends nach 22:00 Uhr Liebhaberin. Natürlich ist es der Himmel auf Erden für jedes Kind, wenn es nach Hause kommen kann, geknuddelt und mit einem »Wie war dein Tag« begrüßt wird, bevor es noch etwas Leckeres zu essen oder dunkle Schokolade gibt. Es gibt keinen härteren Job für diese Frauen, weil sie niemals Feierabend haben. Aber manche Mütter kümmern sich ein Leben lang um ihre Kinder und hören gar nicht mehr auf damit. Aber Folgendes passiert mit euren Söhnen, wenn ihr sie nicht auf die Liz Howards, Angela Merkels, Barbara Streisands und die vielen anderen starken Frauen dieser Welt vorbereitet, die ich alle bewundere: Wenn ihr sie nicht auf starke Frauen vorbereitet, Frauen, die ihre eigene Firma betreiben, vielleicht eine eigene Wohnung oder einen Doktortitel besitzen, dann werden eure Söhne mit diesen Frauen ein ernsthaftes Kommunikationsproblem bekommen. Manche Mütter verleugnen gar unsere Existenz! **Bringt ihnen früh bei, wer eine starke Frau ist und was sie auszeichnet.** (Die erste weibliche Regisseurin, die erste weibliche Ministerin eures Bundeslandes, die erste Frau, die einen großen Konzern gegründet hat usw.)

Vor etwa zwei Jahren nahm ich an einem Workshop teil, wie man eine bessere Keynote-Rednerin wird. Wir waren zwei Frauen, der Rest der Teilnehmer Männer. Nach dem Workshop erhielten wir von allen Teilnehmern der Gruppe einen Feedbackbogen. Also habe ich meinen Vortrag gerockt und war mir sicher, unter den beiden Ersten zu sein. Aber auf den meisten Bögen stand, dass ich zu laut gewesen sei. He! Ich bin nicht laut. Ich habe eine sehr dynamische Stimme, die abhängig vom jeweiligen Thema sehr energiegeladen sein kann. Ich habe bei meinen Vorträgen eine überwältigende Präsenz. Diese Energie lässt meine Stimme mal mächtig, mal zärtlich und liebevoll klingen. Einfach nur »laut« bin ich nicht. So fuhr ich nach Hause, weinte und dachte darüber nach, ob ich meine Persönlichkeit komplett ändern sollte, nur um in diese Männerwelt zu passen. Denn es werden diese Männer sein, die mich später für Vorträge und Seminare buchen werden und die Entscheidungsträger sind. Aber warum muss ich mich auf eine bestimmte Art und Weise verhalten, um deren Erwartungen zu erfüllen?

Nach besagtem Workshop beschloss ich, unter diesen Männern eine empirische Erhebung zu machen. Ich stellte ihnen ein paar Fragen, um für beide Seiten sichtbar werden zu lassen, wer ich bin und wer sie sind. Diejenigen, die lieber eine ruhige anstelle einer »lauten« Liz gehabt hätten und die sich mir nicht nähern wollten, waren mit Müttern aufgewachsen, die ausschließlich Hausfrauen gewesen waren. Sie zogen den gertenschlanken Twiggy-Typ dem kurvigen Mae-West-Typ vor. Diejenigen, die mich interessant fanden, hatten keine Angst vor den Liz Howards dieser Welt. Aber sie waren im Haushalt einer berufstätigen Mutter aufgewachsen, die einen Teilzeit- oder Vollzeitjob gehabt hatte, und die Söhne mussten im Haushalt mithelfen. Und sie mochten eher Frauen mit ein bisschen mehr Fleisch auf den Knochen. Ist das nicht spannend, dass nach dieser Auswertung Männer mit berufstätigen Müttern eher auf

Vollweiber stehen? Versteht mich bitte nicht falsch, ich möchte auch niemandem auf die Zehen treten. Sicherlich ist das Ergebnis nicht repräsentativ. Doch da ich auch bei späteren Seminaren diese Befragung durchgeführt hatte, kann ich euch hier von meinen Erfahrungen mit etlichen Männern berichten.

Ihr Mütter da draußen, was ich versuche zu sagen ist Folgendes: Wir benötigen eure Unterstützung, wir benötigen eure Hilfe und wir brauchen euch, damit ihr euch mit euren Söhnen zusammensetzt und sie über die Frauen von heute und morgen aufklärt. Wir brauchen eure Achtung und euren Segen. Kürzlich las ich in der Zeitung, dass bis 2020 mehr als vierzig Prozent der oberen Führungskräfte weiblich sein werden. Wir sollten unsere Söhne und Töchter wirklich auf diese neue Situation vorbereiten.

Ich habe zum Schluss noch ein kleines Geheimnis für euch. Wenn ich ein Interview für meine Soulfood-Seminare mache, schaue ich mir zuerst einmal im Büro die persönlichen Gegenstände meines Gesprächspartners an, wenn es sich dabei um einen Mann handelt. Nach einem herzlichen Kompliment für ihn finde ich irgendwie einen Weg, um ein wenig über sein Privatleben herauszubekommen. Wenn es mir gelingt, etwas über seine Mutter zu erfahren, ist das perfekt. Hat Mama gearbeitet? Ja – dann kann ich ganz normal weitermachen. Wenn nicht – dann muss ich mich selbst am Riemen reißen und das Ganze etwas vorsichtiger angehen.

»Eltern sind oft entsetzt über die Berufswünsche der Kinder. Wir sollten ihnen vertrauen und unterstützend und beratend eingreifen, aber ihnen die freie Berufswahl überlassen. Speziell den Müttern empfehle ich: Seid neugierig, was passiert, begleitet es aufmerksam, aber wohlwollend und mit Liebe, und bitte nicht klammern. Wichtig ist doch nur, dass sie glücklich sind und ihren Lebensunterhalt allein verdienen können.«
(AUS DEM INTERVIEW MIT JÖRG, BANKVORSTAND A.D.)

Meine lieben Mamas,

manchmal ist es schwer, Kinder oder Jugendliche dazu zu bringen, zuzuhören.

Bitte denkt jetzt nicht, ich möchte euch meine vorgebliche Spiritualität und Weisheit aufzwingen, das ist sicher nicht meine Absicht.

Vielmehr möchte ich eine Erfahrung mit euch teilen.

Diese Möglichkeit, jungen Leuten das Zuhören leichter zu machen, hat bei meiner Arbeit mit Teenagern oder zur Beruhigung meines Patenkindes bei mehr als einer Gelegenheit funktioniert.

Ich atme tief ein und sage dann im Stillen: »Mama Universum« (wahlweise auch »lieber Gott« oder an welche Macht ihr auch immer glaubt), »bitte segne mich mit dem Klang von Liebe in meiner Stimme und lass sie diese Liebe hören!« Und dann sage ich, was mir wichtig ist. Es ist wie beim Beten um einen Parkplatz. Bei mir funktioniert es jedes Mal. Vielleicht mögt ihr es einmal ausprobieren.

Interviews: Mamas damals und heute

Davids Mom

David ist ein langjähriger Freund von mir. Von Anfang an habe ich bemerkt, dass zwischen uns eine tiefe und ehrliche Freundschaft besteht. Was ich an David am meisten schätze, ist sein freundliches, offenes und höfliches Wesen. Seine Mama hat vier Söhne großgezogen und ich persönlich fand es bemerkenswert, dass keiner davon sich zu einem Macho entwickelt hat, zumal der Vater relativ früh gestorben war. Dieses Geheimnis wollte ich unbedingt aus ihr herauskitzeln. Hilde ist bereits über achtzig Jahre alt und bemerkenswert fit in Geist, Körper und Seele.

Ich habe bemerkt, dass David im Laufe der Zeit angefangen hat, dich beim Vornamen zu nennen. Ist das für dich ein Zeichen, dass deine Söhne dich nicht nur als Mutter, sondern auch als Frau schätzen?
Irgendwann haben sie mich beim Vornamen genannt, das war für meine Kinder normal. Es ist wohl auch eine Zeiterscheinung. Einige meiner Enkel tun das auch, aber es macht mir nichts aus.

Was war dein Berufswunsch, wolltest du immer schon in der Landwirtschaft arbeiten?
Ich hatte mir schon auch wie jeder Mensch überlegt, was ich wohl einmal machen würde. Mein Vater war Arzt und so schien eine akademische Ausbildung ebenfalls in Betracht zu kommen. Doch eines Tages beim Händewaschen, ich weiß es noch genau, schaute ich meine Hände an und sagte mir, dass diese beiden Hände dazu da sind, um irgendetwas Handwerkliches damit zu arbeiten.

Du hast vier Söhne, war das dein Wunsch gewesen?
Ich wollte vier Söhne und zwei Töchter. Irgendwann sagte ich mir, nachdem David, mein Jüngster, auf die Welt gekommen

war, dass man Abstriche machen muss. So blieben wir dann eben bei Autos und Lederhosen.

Warum sind deine Söhne keine Machos?

Nun, es waren schon immer vernünftige Jungs. Ich selbst bin von der Veranlagung her ruhig. David vor allem war der kleine nette Junge, dem keiner mehr was tun wollte. Mein Dritter hat sich um seinen kleinen Bruder liebevoll gekümmert. Die zwei Großen waren eher Rabauken, die sich auch gerauft und auch mal Hasch geraucht haben.

Wusstest du das?

Nein, damals nicht, ich hab es gespürt. Ich habe ihnen auch in vielen Dingen die Freiheit gelassen und gesagt: »Wenn ihr wollt, schaut euch alles an. Aber passt auf euch auf.« Sozusagen große Freiheit mit Grenzen (lacht). Loslassen ist sehr wichtig.

Wenn du die Möglichkeit gehabt hättest, was hättest du anders gemacht?

Beim zweiten Sohn, dem hätte ich mehr auf die Zehen treten sollen, der hat nix Gescheites gelernt. Er war ein Globetrotter und früh in der ganzen Welt unterwegs. Aber am Ende hat er doch seinen Weg gefunden und ist glücklich damit. Das ist doch die Hauptsache.

Wann sollen Kinder aus dem Haus? Ich habe von einer Pastorin einmal den Spruch gehört: Von eins bis fünfzehn kannst du sie formen, dich kümmern. Ab sechzehn hilft nur noch beten.

Man muss irgendwann mal loslassen. Manche Eltern haben vielleicht Angst davor, alleine zu sein. Oder wenn die Ehe nicht hundertprozentig so ist. Dann klammern sie sich an die Kinder. David habe ich alleine großgezogen. Mit zweiundzwanzig ist er dann studieren gegangen. Da sagten die beiden Ältesten schon: »Der gehört schon lang aus dem Haus.« Angst ist der Hauptfaktor. Es könnte ja etwas passieren. Es könnte nichts aus ihnen werden. Sie könnten krank werden. Wenn eins krank ist, ist es krank, und passieren kann doch immer was, oder? Aber die müssen doch Menschen werden.

Du hast auch noch deine Schwiegermutter gepflegt bis zum Tod?

Ja, sie war am Ende ein totaler Pflegefall. Aber wir hatten eine tolle Beziehung. Ich habe viel von ihr gelernt. Sie hat nie dazwischengefunkt, wenn ich mal mit meinem Mann uneins war. Von ihr habe ich viel Weisheit erfahren. Sie war nicht hochgebildet, möchte ich behaupten. Aber sie hatte Herzensbildung.

Was denkt man als Mama bei Freundinnen, der Liebe?

Als ich meinen Mann zum ersten Mal gesehen habe, feierten wir ein Fest und ich saß neben ihm. Auf einmal dachte ich: »Hier fühle ich mich wohl, hier möchte ich für immer sitzenbleiben.« Liebe kann ein Außenstehender nicht nachvollziehen. Ich habe mich auch nicht eingemischt. Meine Schwiegertöchter habe ich anfangs nicht alle zu einhundert Prozent gemocht. Aber man muss sie nehmen, wie sie sind. Wir sind nicht alle gleich. Sonst wäre es ja langweilig! Besser ist es, die Schwächen zu akzeptieren und die Kinder in ihren Wünschen zu unterstützen.

Kindererziehung ist bestimmt oft nicht leicht, auch wenn Enkel kommen?

Wenn man ihnen alles abnimmt, lernen sie es nie. Fehler gehören dazu. Man muss auch sehr viel loben. Auch wenn es bei kleinen noch nicht viel zu loben gibt. Das gilt auch für Erwachsene. Die jungen Frauen haben heute doch oft mehr Zeit als wir nach dem Krieg. Sie nehmen sie sich aber manchmal nicht mehr für ihre Kinder. Wenn es geht, wäre es schön, die ersten drei Jahre selbst auf die Kinder aufzupassen und sie nicht zu früh in die Krippe zu geben.

Was sind deine Wünsche für die Mamas der Zukunft?
Die Kraft, um mit Schwierigkeiten fertig zu werden. In Frieden
und Gelassenheit miteinander umzugehen. Dass man sich liebt.

Jackie

Jackie studierte Wirtschaftswissenschaften und erwarb einen
Bachelor-Abschluss, bevor sie nach Deutschland kam. Hier studierte sie BWL, traf den Mann ihrer Träume, ist verheiratet und
hat nun vier reizende Töchter. Obwohl Jackie nicht in der Lage
war, ihr Studium hier in Deutschland zu beenden, unterrichtet
sie Englisch für zukünftige Führungskräfte. Ihr ursprünglicher
Traum war es, ihren Bachelor in Englisch zu machen und vielleicht selbst zu schreiben, doch leider riet ihr Professor in den
Staaten ihr damals davon ab. Sie bereut diesen Entschluss, sich
keine zweite Meinung eingeholt oder vielleicht sogar ein paar
Sommerkurse besucht zu haben, um den versäumten Stoff
nachzuholen, bis heute. Ist es nicht frustrierend, wie wir uns
manchmal durch nur einen Menschen unserer gesamten Träume
berauben lassen? Ich wollte Jackie für ein Interview haben, weil
sie eine sehr enge Freundin von mir ist und ich beobachtet
habe, wie sie ihre vier Mädchen großgezogen hat, was nicht immer leicht war! Die Haarfarbe ihres Ehemannes wechselte von
haselnussbraun zu nikolausweiß, nachdem die vierte Tochter
das Licht der Welt erblickte. Ich wollte wissen, wie es ist als
Mutter heute, hier und jetzt im 21. Jahrhundert. Ihr Alter bleibt
ein Geheimnis. Aber sie ist eine junge Mami, falls euch das wei-
terhilft. Vorhang auf für die besten Passagen:

**Jackie, wie kann man im 21. Jahrhundert überleben mit vier
Mädchen, ohne dabei völlig verrückt zu werden?**
Frauen von heute müssen sich ein Netzwerk aufbauen. Ver-
sucht es bloß nicht alleine zu schaffen! Fragt nach Hilfe, bittet

Nachbarn und Freunde, auch andere Mütter. Holst du meine Kinder am Dienstag, ich werde deine am Freitag mitbringen. So machen es Frauen in anderen Ländern, wie den Staaten, Frankreich oder Großbritannien, schon lange. Es ist ein Geben und Nehmen. Den größten Fehler, den wir als Mütter machen können, ist, es allein zu versuchen. Manchmal ist das schlicht unmöglich.

Warum wird es oft als Schwäche angesehen, wenn eine Mutter um Hilfe bittet?

Weil uns hier in diesem Land beigebracht wird, dass alles perfekt sein muss. Perfekte Kinder, perfekte Kleidung, perfekter Haushalt. Vielleicht haben manche Frauen schlicht Angst vor dem Scheitern!

Du hast mir einmal eine Geschichte darüber erzählt, warum manche Kinder in einer vordefinierten pessimistischen Atmosphäre aufgezogen werden, erinnerst du dich?

Ja, ich erinnere mich. Als mein drittes Kind geboren wurde und ich die Kleine zum ersten Mal in meinen Armen schreien hörte, sagte ich zu ihr: »So klingst du also, das ist die kleine Stimme, auf die ich gewartet habe.« Es war eine liebevolle, innige Situation. Die Frau im Bett neben mir bekam wenig später ihr Kind ebenfalls gebracht. Als sie hörte, wie ihr Kind zu weinen begann, sagte sie zu ihrem kleinen Baby Dinge wie: »Geht das jetzt die ganze Zeit so? Wirst du die ganze Nacht durch weinen?« Sie hatte Probleme mit dem Stillen, da es ihr erstes Kind war. »Muss ich jetzt die ganze Nacht wach bleiben, um dich satt zu bekommen?« Ich glaube, junge Mütter sollten vorsichtig sein bei den ersten Worten, die sie ihren neugeborenen Kindern anvertrauen. Ich habe mich oft gefragt, warum manche Kinder eher dazu neigen, pessimistisch zu sein, wenn nicht sogar eine negative Art zu entwickeln. Ich meine, was immer wir auch sagen, es hat bereits ganz am Anfang seine Auswirkungen, am Beginn eines ganz neuen Lebens.

Hast du Träume?

Ja. Klar habe ich auch Träume für meine Kinder. Vielleicht sollte eines von ihnen Journalistin werden oder sich in der Kirche engagieren. Nein, das war nur ein Spaß! Das Wichtigste, was ich mir für meine Kinder wünsche, ist, dass sie glücklich sind. Wenn sie zum Zirkus gehen wollen, bitteschön! Ich werde mit ihnen im Internet die beste Zirkusschule heraussuchen. Ich hoffe nur, sie werden bei der Wahl ihres Berufes darauf achten, etwas Familienorientiertes zu finden, weil es in manchen Berufen wirklich hart wird, Mutterschaft und Arbeit zu verbinden!

Behandelt eure Kinder bitte nicht wie Erwachsene. Ich finde das sehr wichtig. Das ist einer unserer größten Fehler in unserer Generation, unsere Kinder als Freunde zu sehen. Klar brauchen wir eine gute Beziehung zu unseren Kindern. Aber wir sollten uns daran erinnern, dass, wenn wir unsere Kinder wie unsere besten Freunde behandeln und sie dann etwas von uns brauchen, es schwierig sein wird. Ein Freund beurteilt uns nach dem, wie wir uns entscheiden. Zwischen Mutter und Tochter, Sohn und Mutter, Sohn und Vater oder Vater und Tochter ist diese Beziehung viel bedeutungsvoller. Manchmal mache ich mir Sorgen darüber, ob die Eltern das vergessen.

Auntie Liz's Waffles

Perfekt für einen kalten und regnerischen Sonntagmorgen. Zuerst atmet ihr ganz langsam ein und aus und bittet um Stärke. Fertig? Denn ihr werdet sie brauchen, wenn dann die Kleinen kommen und andauernd fragen: »Wie lange dauert das noch? Kann ich jetzt schon eine haben?« Dann habt ihr die Stärke für ein Lächeln und ein freundliches »Nein! Aber in zehn Minuten ist es soweit.«

Okay, ihr braucht:

- 750 g Weizenmehl
- 2 gestrichene EL Backpulver
- 3 gestrichene EL Zucker (ich verwende gern den rohen braunen)
- 1,5 TL Salz
- 2 Eier
- 2 TL Vanille-Extrakt
- 200 g zerlassene Butter (ich weiß, ich weiß. Aber denkt an den Geschmack!)
- 250 ml Buttermilch
- 300 ml Schlagsahne, flüssig (schon gut, jetzt hört auf, über die Kalorien nachzudenken! Ihr macht das doch nicht jeden Tag, oder?)
- 2 TL Amaretto (optional)
- Und natürlich eine Flasche Ahornsirup (wärmt den Sirup vor dem Essen auf, damit er die Waffel nicht abkühlt)

Und ... atmen nicht vergessen!

- 150–200g warme zerlassene Butter (hängt vom Geschmack eurer Kinder ab. Sie kommt nach dem Backen über die Waffel)
- Außerdem genügend gebratenen oder gebackenen Frühstücksbacon für die ganze Familie. Ich backe meinen im Ofen, dann ist er weniger fett. Wenn er schön knusprig ist,

tupfe ich das Fett mit Küchenrolle ab, wickle ihn in Alufolie und lege ihn zurück in den warmen (60°C) Ofen, bis ich ihn brauche. Aber er muss knusprig sein, das ist einfach ein Muss. In den Südstaaten werdet ihr dafür erschossen, wenn ihr labberigen Speck serviert.

Vergesst nicht, in der Zwischenzeit euer Waffeleisen einzuschalten, damit es schön heiß werden kann!

Jetzt nehmt eure große alte Lieblingsrührschüssel zur Hand, die ihr beim Rühren so schön umarmen könnt. Mischt alle trockenen Zutaten zusammen (Mehl, Backpulver, Zucker und Salz). Gebt die Eier in eine mittlere Rührschüssel und schlagt sie ca. zwei Minuten lang von Hand schön fluffig. Lasst unter langsamem Rühren die Sahne und die Buttermilch in die geschlagenen Eier hineinfließen. Dann erwärmt ihr die Butter, bis sie flüssig ist.

Anschließend rührt ihr vorsichtig im Wechsel das Eier-Sahne-Gemisch und die 200 g flüssige Butter in die trockenen Zutaten. Gieß – rühr mit Liebe – gieß – rühr mit Liebe – gieß – rühr mit Liebe –, bis ein glatter Teig entstanden ist, der ein wenig wie Apfelmus aussieht. Dann rührt den Amaretto und den Vanille-Extrakt vorsichtig unter. (Nach dem Backen bleibt nur der Amarettogeschmack übrig, der enthaltene Alkohol ist verdampft. Probiert es ruhig aus.) Euer Teig sollte eine mittlere Dicke haben. Ihr könnt jederzeit noch ein wenig Buttermilch beigeben, falls ihr das Gefühl habt, dass der Teig zu dick ist. Ein Südstaatenteig ist eher dick und nicht so dünn wie Crêpes-Teig.

Auf geht's ans Waffelmachen. Wenn ihr eine Rührschüssel mit Ausgießer habt, könnt ihr den Teig direkt aus der Schüssel in das Waffeleisen gießen. Ansonsten nehmt einen Schöpflöffel. Immer in der Mitte beginnen und verteilen lassen. Wenn ihr zu viel Teig genommen habt, macht Euch darüber keine Gedanken, der Rest fließt seitlich auf den Tisch. Also stellt am besten das Waffeleisen auf eine Schicht Alufolie. Eine Waffel dauert etwa 3 bis 4 Minuten, je nachdem, wie dunkel oder hell ihr sie mögt.

Wenn die Waffel fertig ist, nehmt sie vorsichtig mit einem Plastik- oder Holzspachtel aus dem Eisen und legt sie auf einen Teller. Wärmt Sirup und Butter auf, bevor die Waffeln fertig sind, und stellt alles auf dem Tisch bereit. Den knusprigen Speck nicht vergessen. Manche (ich) mögen es, den Speck vorher in den Ahornsirup zu tunken. Versucht es, die Mischung aus süß und salzig schmeckt einzigartig. *I love it!*

Tipp: **Meine Freundin Jackie legt das Waffeleisen in die Mitte des Frühstückstisches. So können die Kinder beobachten, wie die Waffel entsteht und die ganze Familie sitzt zusammen am Tisch. Kinder lieben es!**

Noch ein Tipp: **Wenn ihr noch ein ganz altes, unbeschichtetes Waffeleisen habt, habt ihr mein volles Bedauern. Ich habe mir ein antihaftbeschichtetes zugelegt, das macht weniger Stress und die Reinigung ist in drei Minuten erledigt.**

Soulfood

für Singles

Im Club der Froschküsserinnen

Seid ihr immer noch auf der Suche nach dem richtigen Partner? Dann, ihr Lieben, könnt ihr genauso gut meinem Club beitreten, denn ihr seid nicht allein! Bei Eingeweihten heißt er der Club der Froschküsserinnen oder auch »die sich den Frosch küsst«. Um Mitglied zu werden, müsst ihr während eures bisherigen Singledaseins mindestens zwanzig Frösche geküsst haben. **Darüber hinaus ist ein Nachweis zu erbringen, dass ihr nach einem Alptraumdate zum Trost an einer Tankstelle mindestens einen der folgenden Artikel erstanden habt:** Schokolade, Prosecco, Eiscreme und eine XXXL-Tüte Chips. Diese Artikel sind auch bekannt unter dem Namen Bad-Date-Menü. Eine Quittung ist zwingend erforderlich. Um euch einen Eindruck davon zu vermitteln, was ich unter einem solchen Horrordate verstehe, werde ich euch im folgenden Abschnitt eine Auswahl aus meiner privaten Sammlung zur Verfügung stellen.

Diejenigen von euch, die ihre große Liebe gefunden haben, ohne Frösche geküsst haben zu müssen, sind in der Tat sehr glücklich dran. Denn wir anderen kamen bestimmt alle einmal von einer dieser Verabredungen nach Hause, um erst einmal laut loszuschreien: »*Nie wieder!* Nie wieder lasse ich mich auf ein Rendezvous ein! Ich bin endgültig fertig mit allen – großen, kleinen, gutmütigen, heißblütigen oder wie auch immer – Männern dieser Welt. Meine Attribute waren »groß, schön, leicht O-beinig, weil ich den Cowboylook liebe, mit tiefer, leiser Stimme wie Barry White.« Und doch knicken wir immer wieder ein, ob aus Charakterschwäche oder aus Einsamkeit oder einer Kombination aus beidem. Oder wir treffen per Zufall unseren Mr. Perfekt im Supermarkt an der Kasse und dann geht es sowieso automatisch los: Oh Gott, da, da vorn, wow, dieses Lächeln, diese Stimme, die schönen lockigen Haare, süßer Hintern, niedliche Zähne, Wimpern, kleine Nase, Ohren, Hände, Beine, Knie, Zehen, sein Gang ... und *bang*! Blitzartig sind wir total aus dem Häuschen, schleichen ihm hechelnd hinterher und geben der

Liebe zu Mr. Right noch einmal eine Chance. Ist der jetzt tatsächlich der Richtige? Bis zu diesem Punkt, meine lieben Männer, gilt das genauso für euch, sofern wir die Liste um Brüste ergänzen. Auch ihr seid herzlich willkommen in meinem Club!

Vollkommen aufgelöst vor Erregung und Glück rufen wir unsere beste Freundin an. »Ich habe soeben den Mann meiner Träume getroffen, er ist so liebenswert und stell dir vor, er hat mich gefragt, ob wir zusammen ausgehen wollen, oh mein Gott! Er ist so süß und ich spüre jetzt schon, dass er der Richtige ist.« Dann verlieren wir uns in endlosen, verträumten Details über ihn, damit die Ärmste am anderen Ende der Leitung (früher hatten Telefone noch Kabel) sich dieses Schmuckstück genau vorstellen kann. Es folgen die obligatorischen Fragen der besorgten Freundin: »Ist er verheiratet?« »Oh Gott, nein! Wo denkst du hin?« »Ist er schwul oder hetero?« »Hetero natürlich, bist du verrückt?« »Hat er Arbeit?« »Ja klar!« »Wie habt ihr euch getroffen?« »Beim Einkaufen, wie süß, oder? Er hat mich angelächelt.« Danach folgt die Segnung und Freigabe des potenziellen Kandidaten mit den besten Wünschen für das Rendezvous. Nach dem Auflegen allerdings wird die Freundin denken: »Oh-oh, auf ein Neues.« Sie wird zuerst einmal ihre Einkaufsliste um Kekse, Schokolade, XXXL-Chips, Prosecco und zwei Liter Häagen-Dazs Cookies & Cream-Eiscreme ergänzen, nur für den Fall. Ach ja, und zwei extra lange Eislöffel.

Im Gegensatz zu Deutschland nimmt ein Mann in New Orleans, Louisiana, die Jagd nach einer Frau instinktiv auf, sobald sie, wenn auch unbeabsichtigt, den Blick hebt und lächelt, während sie auf dem Weg die Canal Street hinunter seinem Blick begegnet. Das Lächeln ist dabei der Einschaltknopf, der den Mechanismus aktiviert, und die Jagd beginnt! Findet er sie süß, hübsch, heiß oder sexy oder eine Kombination daraus, wird er alles tun, um sie einzuholen, und während er dann neben ihr hergeht, wird er sein schönstes »Geh mit mir aus«-Lied singen. Ich sage absichtlich »ein Lied singen«, da diese Männer aus dem Süden der USA extrem charmant und leidenschaftlich sind. Sie sind wahre Meister bei ihrer Balz, den Sprüchen und der Art, wie sie eine Frau anschauen. Es ist beinahe so aufregend wie ein persönliches Liebeslied, nur für die Dame des Herzens geschrieben, um ihre Aufmerksamkeit zu erhalten. Die Lieder haben oft ähnliche Refrains. Hier sind ein paar Beispiele: »Wow! Du siehst toll aus. Deine Mama und Papa haben bei dir einen super Job hingelegt« oder »Wo gehst du hin«, »lass uns ein Stück zusammen gehen«. Mein Favorit ist: »Ich muss tot und im Himmel sein, denn ich sehe gerade einen Engel vor mir.« Die Männer bringen ihre Sprüche im tiefsten Südstaatendialekt rüber und je interessierter sie an der jeweiligen Frau sind, desto intensiver ist der Dialekt, der tief aus ihren Lenden zu entspringen scheint (um nicht zu sagen, ihren *cojones*). Je nachdem, ob die Frauen in Eile waren oder ob der Mann süß war, fiel die Antwort so aus, dass er entweder davonging oder man Telefonnummern austauschte. Bei einer Absage musste man auch einmal damit rechnen, ziemlich übel beschimpft zu werden. Gott sei Dank passiert das nur selten und dann war die Entscheidung der Absage ja auch die richtige. Und die kleine Stimme in dir schreit: *Run, Sista, run!*

Aber lasst uns zurückkehren zu meinen ersten Tagen als Single hier in diesem fremden Land namens Bayern mit seiner speziellen Sprache, einer mir ungewohnten Kultur und ich mittendrin als junge Südstaatenfrau, gewöhnt an die warmherzigen Männer aus Louisiana. Mit dem Essen kam ich zurecht, das war kein Problem. Auch die U-Bahn war nicht wirklich eine Herausforderung, denn mit ein wenig Übung lernte ich, immer rechtzeitig einen Schritt schneller zu sein als diese sich höllisch schnell schließenden Türen. Allerdings habe ich erst nach etwa drei Monaten verstanden, was die Durchsage bedeutet, kurz bevor die Türen sich schließen (»Zruckbleibmbitte!«), denn sie war oft in einem tiefen bayerischen Dialekt gesprochen. Trotzdem merkte ich, dass ich irgendetwas nicht richtig machte. Es war seltsam, wenn ich bemerkte, dass mich jemand anschaute, manchmal regelrecht anstarrte. Wenn sich unsere

Blicke dann für einen kurzen Moment trafen, lächelte ich und nickte mein freundliches südliches »Hallo«, das ich aus meiner Kultur mit hierher ins Bayernland gebracht hatte. Zu meinem Erstaunen jedoch erkannte ich in den Gesichtszügen meines Betrachters einen Anflug von Schock, der Körper spannte sich an und er schaute sich nach einem sicheren Ort um. Einige Männer waren in Begleitung ihrer Frauen oder Freundinnen, deren Stimmen sofort etwas lauter und der Ton schärfer wurde. Wenn ich heute daran zurückdenke, muss ich lachen und stelle mir die bohrenden und schnippischen Fragen und verzweifelten Antworten dieser Paare vor, nachdem sie zu Hause ankamen. Woher kennst du die? Warum hat sie dich gegrüßt? Warum hat sie dich angelächelt und dir zugenickt? Und wage es nicht, mich anzulügen!

Nach und nach wurde mir auch dieses seltsame Verhalten der Menschen in der U-Bahn vertrauter. Doch wie war es mit der Sprache? Die deutsche Sprache war sicherlich meine größte Hürde. Immer noch erinnere ich mich an die Tränen, die mir im Unterricht heimlich über die Wangen liefen, während ich bei mir dachte, dass es ein schrecklicher Fehler gewesen war, hierherzukommen in dieses Land mit dieser komplizierten Sprache. Nie werde ich das alles schaffen. Was hatte ich mir nur dabei gedacht? Tagsüber auf der amerikanischen Airbase zu arbeiten und Englisch zu sprechen und abends in die Schule zu gehen, um Deutsch zu lernen. Ich war an dem Punkt, an dem ich von all dem die Nase gestrichen voll hatte. Gott, ich brauchte eine Pause! Ich brauchte dringend etwas, das mich aufmunterte und mich wieder zum Lachen brachte. Jawohl, ein Date!

Das erste Date

Mein erstes Date in Deutschland. In einer deutschen Sauna. Eine amerikanische Frau, die nie eine Sauna von innen gesehen hatte und überhaupt keine Ahnung davon hatte, was dort auf sie zukommen würde. Ich traf mich mit einem deutschen Polizei-Kommissar, den ich auf dem amerikanischen Militärstützpunkt kennengelernt hatte. Er fragte, ob ich mit ihm ausgehen wolle und ich sagte dankbar und glücklich zu. Allerdings stutzte ich ein wenig, als er mir erklärte, ich solle meine Badesachen, ein paar Handtücher, Badeschuhe und was ich vielleicht sonst noch so zum Schwimmen benötigen würde, mitbringen. Er würde mich um die Mittagszeit abholen. Kurz war ich ein wenig nachdenklich, da ich noch nie ein Schwimm-Date hatte, aber was soll's. Das Sprichwort sagt: »Bist du in Rom, benehme dich wie ein Römer!« Ich war so glücklich und sang beim Zusammenpacken meiner Schwimmsachen: »Ich habe ein Date! Ich gehe mit einem Mann aus – lala-lala – la laaa.« Und noch ein paar Hallelujas hinterher in Verbindung mit einer Handvoll »Danke, Gott, du hast mich wirklich nicht vergessen!«

Mein Polizist war niedlich, hatte lockiges braunes Haar, wunderschöne grüne Augen, schöne volle Lippen, und er sprach Englisch. Hurra! *Oh yeah, baby.* Elizabeth »Liz« Howard hat den Jackpot geknackt! O.k., er war nicht o-beinig, aber ein Polizist ist doch fast so etwas wie ein Cowboy oder Sheriff, also werde ich darüber hinwegkommen. Er war pünktlich und wir fuhren los. Die Fahrt dauerte über eine Stunde und ich kann euch heute absolut nicht mehr sagen, wo wir waren. Ich denke, meine Seele hat die Erinnerungen an dieses Fahrtziel nachhaltig aus meinen Gedanken entfernt. Ganz Gentleman bezahlte er an der Kasse und wies mir den Weg zu den Umkleideräumen. Ich ganz Amerikanerin fragte ihn, wo denn die Kabinen für die Frauen seien. Er sagte, es wären Gemeinschaftsräume. Alles hier wäre gemeinschaftlich. »Was meinst du mit gemeinschaft-

lich?«, fragte ich. »Na alles, das ist ein gemischtes Schwimmbad«, antwortete er, als ob das das Selbstverständlichste von
der Welt wäre. »Das Schwimmbad, die Räumlichkeiten, Um-
kleidekabinen, die Sauna und Restaurants. Alles ist gemischt.«
Ich dachte:»Oh Gott, er wird meine Narbe sehen!« O.k. Liz.
Sei ein Römer, Liz! Aber dann war ich trotz meiner römischen
Grundhaltung geschockt, als mein Westernheld begann, sich
langsam und ohne die geringsten Anzeichen von Scheu genau
vor mir seiner Kleider zu entledigen. Ich hatte Bilder eines
Chippendales-Abends im meinem Kopf, aber er hatte zum
Glück seine Uniform nicht an, sonst wäre wer weiß was geschehen. Und ich meine, das war unser erstes Date, wir hatten uns
noch nicht einmal geküsst, und er würde sich mir in wenigen
Augenblicken in seinem Adamskostüm präsentieren. Wisst ihr,
in meiner Familie wurde mir beigebracht, dass der nackte Körper nichts ist, wofür man sich zu schämen braucht, aber mal
ehrlich: Ich kannte noch nicht einmal seinen Nachnamen und
der Kerl war bereit, mir seine Kronjuwelen zu präsentieren.
Huch! Ich glaube, ich wechselte meinen Badeanzug in unter
fünf Sekunden, Rekord! Ich dachte: »Der will mich doch nur
nackt sehen, oder?«, während in meinem Kopf die Alarmglo-
cken zu läuten begannen. Er hätte doch sagen können, dass er
draußen auf mich warten würde. Ich hätte doch sagen können,
dass er draußen warten sollte, bis ich mich umgezogen hatte. Er
wusste, dass ich Amerikanerin bin und unsere Kultur sich von
seiner europäischen unterschied. Was zur Hölle dachte er sich
nur dabei?

Aber wartet, es kam noch schlimmer. Nachdem wir ein paar
Runden geschwommen waren und uns in einem angenehm
warmen und sprudelnden Salzwasser soweit entspannt hatten,
erwähnte er, dass wir jetzt raus und in die Sauna gehen würden.
Für diejenigen von euch, die es nicht wissen sollten: Die Saunen in den Staaten, wenn ihr überhaupt eine findet, sind strikt
getrennt. Und selbst Frauen unter sich wickeln sich von Kopf
bis Fuß in ein Handtuch. Ihr könnt euch also vorstellen, was

mir durch den Kopf schoss, als er sich seiner Badehose entledigte, in Richtung der Duschen schlenderte und mich anwies, dasselbe zu tun. Was zum ... »Soll das ein Witz sein?«

»Nein, wieso?«, zwitscherte er mir vergnügt zu. »Gemischt!« Ich musste vor der Dusche warten, bis alle anderen Gäste fertig waren. Dann ein weiterer persönlicher Rekord: duschen in unter fünf Sekunden. Geschafft! Mein erstes Date in Deutschland und ich erlebe den schönsten Moment meines Lebens, ja klar! Jetzt aber ab in die gemischte Sauna, wo ich dezent wieder in meinen Badeanzug schlüpfe. Aber noch bevor mein Hintern das warme feuchte Holz aus finnischen Wäldern berühren konnte, hörte ich die schrillen Stimmen einiger Damen, die meinem Polizisten in deutscher Sprache erklärten, ich solle gefälligst meinen Badeanzug ausziehen, was mein Freund und Helfer mir natürlich freundlicherweise sofort und mit einem glücklichen Gesichtsausdruck übersetzte. Ich frage mich bis zum heutigen Tag, wo diese Frauen so schnell herkamen. Hatten die dort vielleicht heimlich Kameras installiert? Denn nachdem der einzige zusätzliche Gast, ein Mann, eben die Sauna verlassen hatte, waren nur noch wir beide alleine da drin. Oh Gott, Liz, wären wir in Rom gewesen ... wir beide alleine in der Sauna, ich konnte es mir bildlich vorstellen. Aber, meine lieben Mädels, ich möchte euch fragen, ob an den damaligen Saunen in Deutschland Sirenen mit einem Warnsignal angebracht waren, die wild blinkend signalisierten: »*Schwarze Frau in der Sauna – Alarm!*«, denn innerhalb von wenigen Sekunden, nachdem ich meinen Badeanzug wieder ausgezogen hatte, war die Sauna bis auf den letzten Platz besetzt. So bekam auch ich zum ersten Mal die Gelegenheit, alle möglichen Größen und Formen von Menschen zu betrachten, die lediglich eingehüllt in einen Schweißfilm waren und nur das Notwendigste mit Handtüchern bedeckten. Natürlich schaute ich auch, das war doch alles neu für mich, *hallo*? Aber er hätte mich darauf vorbereiten sollen, hätte mir erklären können, dass dies für Deutsche eine völlig normale Art und Weise der Entspannung war, und er

hätte mich auffordern können, ihm Bescheid zu sagen, falls ich
mich unwohl fühlte. Er hätte mich beruhigen können mit den
Worten: »Hab Selbstvertrauen und mach dir keinen Kopf, die
meisten Menschen in Deutschland tun es. Es ist absolut normal
hier und ein fester Bestandteil unserer Kultur.« Unterm Strich
wollte er mich lediglich ebenfalls in meinem Evakostüm erleben, was ja grundsätzlich o.k. ist. Das eigentlich Schlimme war,
dass er mich in diesem Kostüm herumzeigen wollte, mit ihm an
seiner Seite. Ich beobachtete ihn während der ganzen Zeit, sah,
wie andere Männer zu ihm kamen und ihm anerkennend auf
die Schulter klopften. Am Erniedrigendsten war, dass er keinen
Hehl daraus machte, mich als Trophäe zu missbrauchen. Was
für ein besonders tolles Exemplar er da ergattert hatte! Seine
männliche Aura und sein Stolz wuchsen pfauengleich und
hätte er ein solches Federkleid besessen, wäre es im vollen
Glanze erstrahlt. Wobei: In der Sauna hätte er es vermutlich
auch ablegen müssen.

Hätte ich ihn nach dem Inhalt der Gespräche mit den anderen Männern gefragt, wäre die Antwort vermutlich eine belang-
lose gewesen: »Sie wollten nur Hallo sagen« oder etwas Ähnliches. Aber eine zarte Stimme in mir versuchte sich mit aller
Macht Gehör zu verschaffen: »Ich rieche die Ratte, mein eitler
Pfau!« (Ich weiß, ihr in Deutschland würdet Braten riechen,
aber wir in den USA riechen eine *Ratte*, eine gegrillte, ekel-
hafte, langschwänzige Ratte.) Auf dem Nachhauseweg holte ich
an der Tankstelle noch einen Liter Häagen-Dazs und aß ihn auf
der Couch sitzend mit finsterer Miene. Die Quittung für das Eis
habe ich für den Club aufgehoben. Als das Adamskostüm einige
Tage später anrief, um mit mir auszugehen, versuchte ich mein
Bestes, um ihm zu verzeihen, konnte in meinem Herzen aber
nicht die richtigen Gefühle finden. Wir haben zwar noch mal
über das Saunathema gesprochen, aber er war sich keiner
Schuld bewusst und konnte an seinem Verhalten nichts Ver-
werfliches finden. Eine wirkliche Entschuldigung hatte er auch
nicht zu bieten und so gab ich bedauernd das Kostüm wieder

zum weiteren Verkauf frei. Es hatte leider nicht die richtige Größe für meine Seele.

Mein zweites Horrordate auf der Suche nach dem Richtigen entstand durch eine Annonce. Ja, ich habe es wirklich getan, setzte eine Anzeige in die Zeitung und verabredete mich zu einem Blind Date. Das war allerdings vor der Zeit, als ich bereits gelernt hatte, meine Partnerwünsche genauer zu spezifizieren. Wir entschieden uns als Treffpunkt für eines meiner Schwabinger Lieblingslokale, wo man im Sommer draußen sitzen und die warme Sommerluft genießen kann. Er war am Telefon sehr charmant, schien weit gereist und im internationalen Business unterwegs zu sein, war oft in Deutschland und sprach auch ein wenig Deutsch. Sein Englisch war fließend, er war der Beschreibung nach groß, dunkelhaarig, schön und intelligent, und ich bin verrückt nach schlauen Männern.

Als er ankam, bemerkte ich zuerst leicht geschockt, dass einige der Attribute nicht so wirklich zutrafen, denn er war nicht groß, nicht dunkel und nicht schön, wie sein Bild es versprochen hatte. Ich konnte es nicht glauben. Dieser kleine stämmige Mann hatte mich bereits mit seinem Bild belogen. Und um die Sache noch zu verschlimmern, war er darüber hinaus nicht in der Lage, sich für die offensichtliche Fehlinformation in seiner Personenbeschreibung bezüglich Körpergröße und Aussehen zu entschuldigen. Hätte er gesagt, dass dies ein älteres Bild gewesen und er seither dramatisch geschrumpft sei und einen spontanen Reifeprozess durchlebt habe, wäre das wenigstens vielleicht noch witzig gewesen. Stattdessen versuchte er seinen Kopf zu retten, indem er immer schnell das Thema wechselte. Die zarte Stimme in mir war außer sich und schrie: »Steh auf. Jetzt. Geh! Du kannst immer noch zur Tankstelle fahren, Eiscreme kaufen und ›Sex and the City‹ anschauen. Steh auf! Jetzt!« Wir, die Stimme und ich, hatten schon die Einkaufsliste für den Halt an der Tankstelle gemacht: Pralinen, Prosecco, Eiscreme, was fehlt noch? »Sex and the City« würde in zwanzig

Minuten beginnen, also blieb genügend Zeit für ein Bad-Date-Club-Menu. »Steh auf!«

Doch vermutlich aufgrund meiner angeborenen weiblichen Leidensfähigkeit beschloss ich zu bleiben. Wir bestellten dann auch noch ein Abendessen, mein zweiter großer Fehler, weil er absolut nichts zu sagen hatte. Doch was mich zutiefst irritierte, war seine Reaktion darauf, wenn irgendwelche Männer vorbeiliefen. Wenn dann gar einer in Shorts vorbeikam, hielt er sogar während des sowieso schon schleppenden Gesprächs inne und schaute ihm nach. Es traf mich wie ein Blitz aus heiterem Himmel: Der Typ ist doch schwul und auf der unauffälligen Suche nach einem Bart. So nennen wir das Verhalten in den Staaten, wenn ein homosexueller Mann sich aus familiären oder arbeitsbedingten Gründen nicht outen möchte. Mann oh Mann, ich suche mir schon immer die richtigen Typen aus. Ich hatte am Ende »Sex and the City« verpasst und doch noch die Tankstelle aufgesucht, um mir ein reichhaltiges Bad-Date-Menu zusammenzustellen. Als mein Mitbewohner mich mit der verräterisch bedruckten Einkaufstasche der Tankstelle, die voller Froschfutter für meine verletzte weibliche Seele war, durch die Haustüre kommen sah, schüttelte er lächelnd und wissend den Kopf, nahm mich in den Arm und fragte nur: »So schlimm?«, worauf ich erwiderte: »Nie wieder werde ich mich auf ein Date einlassen. Nie wieder!« Und jetzt passt auf: Der kleine Stämmige rief tatsächlich wieder an, um mit mir auszugehen. Für wie verrückt hielt der mich?

Verliebt

Tatsächlich habe ich meinen zweiten Ehemann auch über eine Annonce kennengelernt, wobei ich mich bei dieser Anzeige entschlossen hatte, wesentlich genauer in meiner Beschreibung der Wünsche zu sein, wie meine neue Liebe beschaffen sein sollte. Wohingegen ich sehr darauf achtete, nicht die genaue Farbe meiner Haut zu erwähnen. Ich habe dieses Thema nach meinem Umzug nach Deutschland schon ausreichend durchlebt. Mein Gott, es war unglaublich, wie viele deutsche Männer an mir interessiert waren, zumindest war es das, was ich seinerzeit glaubte. Heute würde ich meine damals getroffene Annahme als sehr dumm bezeichnen, denn in Wirklichkeit wollten die meisten nur eine weitere Kerbe in ihren Colt schneiden, und zwar eine ganz spezielle, nämlich wenn sie es schafften, mit einer schwarzen Frau zu schlafen. Das war eine Geschichte für einen gemütlichen Männerabend, während man genüsslich den weißen Schaum von seinem frisch gezapften Bier schlürft. Meine Schuld, ich hätte nicht nur germanistische Sprachlektionen buchen sollen, sondern darüber hinaus auch die bayerischen Sozialwissenschaften, also wie man mit bayerischen Männern umgeht und vor allem, wie man sie sich vom Hals hält. Zum Beispiel, was genau bedeutet der Satz: »Ich melde mich, gell!« oder »Ich werde dich in ein paar Tagen anrufen« oder »Mei, du bist ein wunderschenes Dirndl« oder »Ich liebe dich«. Nach dem ersten Date, hallo? Und die Wahrheit mit Liebe lautet: Ich fiel darauf herein. Auf alle. Aber der beste von allen war: »Schwarze Frauen sind viel schöner!« Auch darauf fiel ich herein. Was ich hätte heraushören sollen, war: »Wenn ich dir sage, dass schwarze Frauen viel schöner sind, ziehst du dann dein Höschen für mich aus?«

Ich sage euch, Liebe macht blind, aber Selbstverleugnung ist noch schlimmer! Was sie wirklich herausfinden wollten, war, ob wir alle Tigerinnen im Schlafzimmer wären. Sie dachten wahrscheinlich, wir machten wilde und verrückte Geräusche und Gott weiß was sonst noch. Ich bin mir mehr als sicher, dass sie diese Ideen aus den Pornos der Sechzigerjahre hatten, die sie damals in irgendjemandes Keller angeschaut hatten. In den USA waren wir endlich als normale Frauen etabliert, aber hier waren wir wieder diese exotischen Bienenköniginnen, und das in weniger als vierundzwanzig Stunden nach meiner Ankunft.

War ich naiv? Ja! Leichtgläubig? Ja! Glaubte ich daran, dass hier alles besser wäre? Ja ja ja ja ja! Eine meiner Lieblingsgeschichten, an die ich mich immer wieder gerne erinnere, war der Besuch bei den Eltern meiner besten Freundin am Bodensee. Die heute wunderschöne Stadt war zu der Zeit eher ein beschauliches schwäbisches Dorf. Wir saßen in der Küche, als ihr Onkel, der seinerzeit schon mindestens fünfundsiebzig Jahre alt gewesen sein musste, wenn nicht älter, pfeifend durch die hintere Küchentüre kam. Er sah mich am Küchentisch sitzen, starrte mich kurz an, fiel auf die Knie und begann seltsame Worte auszustoßen, während er sich in anbetender Haltung vor mir verneigte und immer wieder den Oberkörper und die Hände in den Himmel streckte wie in wilder religiöser Ekstase. Ich fühlte mich an die alten Bugs-Bunny-Cartoons erinnert, wo er von Wilden umzingelt in einem großen schwarzen Topf gekocht werden sollte und sie Zutaten in das Wasser warfen, während sie sich in genau dieser Haltung kreisförmig um den Topf verteilt hatten. Zum Glück habe ich kein Wort von dem verstanden, was der Onkel von sich gab, aber meine Freundin erklärte mir sichtlich erschüttert und mit verlegener Stimme, dass er schon sein ganzes Leben lang eine schwarze Frau treffen wollte. Die Familie musste ihm förmlich zurück auf die Beine helfen und bugsierte ihn unter harschen Worten aus der Küche, während er versuchte, immer wieder mit einem Glänzen in den Augen über die Schulter hinweg einen letzten Blick auf mich zu werfen. Möge er in Frieden ruhen.

Ich war also eine exotische Seltenheit. Wenn ich eine normale Annonce aufgab, würde unweigerlich wieder derselbe

Schlag von Männern versuchen, Kerben in ihre Colts zu schneiden. Also suchte ich mir Hilfe bei einem guten Freund, um meine nächste Kontaktanzeige auf der Suche nach der großen Liebe zu perfektionieren. Wir formulierten, lasen, formulierten um und lasen sie wieder und wieder, bis wir schließlich zufrieden mit unserem Werk waren. Die Annonce war präzise auf den Punkt, frei von sämtlichen Formulierungen, die auf irgendeine Art und Weise falsch interpretiert werden konnten. Alle Wünsche waren schwarz auf weiß für jeden verfügbaren Mann im Umkreis von einhundert Kilometern einsehbar und so gaben wir beide unser Gütesiegel unter dieses Meisterwerk und schickten es ab:

- Keine weißen Socken – ich war nie ein Fan von weißen Socken in schwarzen Schuhen.
- Du besitzt keine weißen Schuhe – o.k., das mag sich jetzt ein wenig seltsam anhören, aber meine Mutter war Krankenschwester und ich musste als kleines Mädchen immer ihre weißen Schuhe polieren. Also dachte ich, weiße Schuhe wären nur für Krankenschwestern und Mädchen.
- Kein Schlüsselbund hängt klingelnd aus der Seitentasche seiner Hosen – ich wusste eben ganz genau, was ich nicht wollte.
- Macht selbst seine Wäsche – ihr wisst schon!
- Kocht leidenschaftlich – ich fand es immer sexy, zusammen Gemüse zu schneiden.
- Zärtlich.
- Romantisch.
- Liebt seine Mutter, ist aber nicht an sie gekettet – oder anders ausgedrückt, kein Mamakind, sondern jemand, der seine Mutter respektiert und liebt. Ja, meine Schwestern, da gibt es einen Unterschied, zumindest glaube ich das.
- Mag Tiere.
- Liebt die Natur.
- Besitzt einen wundervollen Sinn für Humor.

- Mag Kinder – ich plante niemals, Kinder zu bekommen, aber trotzdem mag ich sie.

Ich verfasste die Annonce bewusst auf Englisch, denn ich wollte mich mit meiner zukünftigen großen Liebe, meinem Mr. Right, in meiner Muttersprache unterhalten. Obwohl mein Deutsch sich verbessert hatte, empfand ich das als unbedingt notwendig. Dass ich eine schwarze Frau bin, hatte ich nicht explizit erwähnt. Vielmehr spielte ich ein wenig mit den Worten: »Gesegnet mit Gottes natürlicher Sonnenbräune«, um die Keller-Pornofreaks mit ihren Abschusslisten fernzuhalten.

Es war unfassbar, wie die Antworten nur so hereinflatterten. Und vor allem, was für Antworten: »Ich liebe Amerikaner«, sogar Briefe mit beigefügten 4. Juli-Wunderkerzen, »Ich liebe amerikanische Cheeseburger und den amerikanischen Luftwaffenstützpunkt«, »Ich könnte Sie unterrichten, falls Sie Analphabetin sein sollten«. He! Ich habe die Anzeige verfasst, oder? Briefe mit Rosenblättern und Glitter, mit Gedichten, von denen einige wirklich süß und durchdacht waren, Briefe mit viel Kreativität. Und einige waren wirklich sehr, sehr seltsam.

Es gibt einen Spruch, den ich vor Längerem gehört habe und über den ich oft nachdenke: »Sei beim Beten vorsichtig, was du dir wünschst, es könnte sein, dass du es bekommst.« Das tat ich dann auch und der Absender der allerletzten Antwort, die ich erhielt, war die große Liebe meines Lebens. Er war lustig, witzig, charmant, intelligent, süß, betete seine Mutter an, mochte Kinder, konnte toll reden, war kreativ, groß und schön und vieles mehr. Habt ihr bemerkt, dass ich das Wort »war« benutzt habe? Denn wir sind nicht mehr zusammen. Wie das Leben so spielt, befand sich meine Seele in einem ernsthaften Prozess der Veränderung, einem Wachstum hin zu der Person, die ich heute bin. Wären wir zusammengeblieben, hätte ich viele wunderbare Gelegenheiten verpasst, mein wahres Selbst zu entdecken. Meine Spiritualität, meinen Körper, meine Weisheit, meine Gedanken, meine Stärken, meine Gaben, meinen Mut, ja selbst meine Stimme. Die Wahrheit mit Liebe ist, als wir zusammentrafen, habe ich mich noch immer nicht selbst geliebt. Wie kannst du jemanden wirklich lieben, wenn du nicht lieben kannst, wer du bist? Wie kann ich Liebe in all ihrer Herrlichkeit geben, wenn ich sie tief in meinem Herzen bei mir selbst vermisse? Ich würde die wunderbaren Worte »Ich liebe dich« aussprechen. Doch jedes Mal, wenn ich sie sage, würde meine Seele wissen und mir manchmal zuflüstern: »Und was ist mit dir? Liebst du auch dich? Und ihr kennt die Antwort bereits: Ich liebte mich nicht. In meinem Elternhaus wurde die Liebe weder ausgesprochen noch anderweitig zum Ausdruck gebracht. Ich habe die Worte »Ich liebe dich« erst sehr viel später von meinen Partnern und Verabredungen gehört.

Zu mir selbst finden

Oh Gott, die Trennung. Um ehrlich zu sein, wollte ich diesen Teil im Buch überspringen und wie ein feiner, unauffälliger Lufthauch einfach elegant daran vorbeiwehen. Wir haben ja alle unsere persönlichen Erlebnisse mit jemandem, der sich von uns getrennt hat oder den wir verlassen haben. Nicht selten passiert das sogar am Telefon, per SMS oder einfach durch das berühmte Ignorieren der Situation. Wir alle wissen, dass Schmerz und Enttäuschung mit im Spiel sind, nachdem wir uns getrennt hatten von »Ich dachte, es wäre der Richtige gewesen«. Manche von uns sind in der Lage, diesen Schmerz auf gesunde Art und Weise zu bewältigen. Dabei spreche ich von Zuflucht und Trost finden, Ausweinen an der Schulter eines Freundes oder sogar einer kurzen Therapie. Aber ich war zu stolz, um eines dieser Dinge zu tun. Zumindest tat ich sie nicht in dem Maße, wie ich es vielleicht hätte tun sollen. Vielmehr beschloss ich, meinen Schmerz zu verbergen. Ich glaubte sogar, mich selbst davon überzeugen zu können, dass diese entsetzlichen Schmerzen in der Dunkelheit verschwinden würden, aus der sie gekommen waren, wenn ich nach außen hin die starke Frau spielte, lächelte und Witze machte.

Ich trank und weinte, weinte und trank und überzeugte zuletzt auch meinen Körper und meine Seele davon, dass nie wieder in meinem gesamten weiteren Leben ein neuer Mr. Right erscheinen würde, nie mehr! Ich weiß nicht, wie es euch geht, wenn dann eure Freunde sagen: »Mach dir keine Sorgen, alles wird gut werden, und du wirst bestimmt bald den Richtigen finden«? Danach zählen sie all eure großartigen Eigenschaften auf, aber ihr könnt ihnen aus unerfindlichen Gründen nicht glauben. Am Boden zerstört und emotional ganz unten angekommen war ich während einer Fahrt auf einem Kreuzfahrtschiff, das irgendwo auf dem Atlantischen Ozean in Richtung Panamakanal fuhr. Ich sehe noch überdeutlich den Vollmond über mir scheinen, als ob Mama Universum mit ihrer Taschenlampe vorsichtig suchend auf ihren Ozean hinunterleuchtete, während ich an der Reling stand und mir wirklich durch den Kopf ging, ob ich jetzt vielleicht springen sollte. Ich könnte all diesem Schmerz jetzt sofort ein Ende setzen. Alles, was ich dafür tun musste, war, den Mut aufzubringen, um zu springen. Ich sagte ja, ich war wirklich ganz unten angekommen.

Ob es in diesem Moment mein Schutzengel war, der mich wachrüttelte, weiß ich nicht genau, doch meine innere Stimme sagte: »Liz, solltest du das wirklich tun, wirst du eine ganze Reihe von wundervollen Dingen verpassen, die wir in der Zukunft für dich geplant haben! Zudem würdest du deine Freunde maßlos enttäuschen, die doch so fest an dich glauben und dann damit leben müssen, an dir versagt zu haben. Also gib dir bitte noch eine Chance.« Daraufhin weinte ich eine ziemlich lange Zeit, weinte und konnte nicht mehr aufhören, bis all meine Tränen und mein Schmerz aufgebraucht waren. Dann entschuldigte ich mich bei Mama Universum dafür, beinahe aufgegeben zu haben, und ging emotional einigermaßen aufgeräumt zurück in meine Kabine.

Nachdem ich von dieser für mich so besonderen Reise zurückgekehrt war, hingen mir die Gedanken aus diesen Momenten an der Reling immer noch nach. Mein Mr. Right war weg. *Wow!* Und ich war bereit, mein Leben wieder in die Hände von Mama Universum zu legen, weil ich in der Liebe versagt hatte. Ich hatte schreckliche Angst. Angst davor, den Rest meines Lebens alleine zu verbringen. Keine Küsse mehr, keine Umarmungen, kein Sex, kein gemeinsames Lachen, niemanden, mit dem ich spätabends nach der Rückkehr von einem Auftritt noch sprechen konnte, niemanden, mit dem ich über meine Träume und Ziele brainstormen konnte, niemanden, an den ich mich beim Aufwachen an einem Sonntagmorgen kuscheln konnte. Aber vor allem niemanden, zu dem ich nach Hause kommen konnte. Einsamkeit ist definitiv kein guter Ort, und speziell wenn die meisten deiner Freunde und Freundinnen verheiratet oder in einer glücklichen Beziehung sind, ist das echt – entschuldigt meine harten Wort – zum Kotzen, oder? Wie lautet das alte Sprichwort noch gleich? »Wenn du den Tiefpunkt erreicht hast, kann es danach nur noch aufwärtsgehen.« Ich begann, ein Tagebuch zu führen über meine Gefühle, Hoffnungen und Wünsche. Auch über meine Enttäuschungen, meine wahren Gedanken. Was immer mein Herz bewegte oder mir schwer auf der Seele lag, schrieb ich in dieses Buch. Obwohl ich mich immer eher für einen positiven Menschen gehalten hatte, entdeckte ich, während ich meine niedergeschriebenen Gedanken betrachtete, zu meiner Überraschung viele negative Dinge darüber, wer ich wirklich war.

Das zu erkennen war mein Aha-Erlebnis. Der Moment, an dem ich herausfand, was ich wirklich für mich selbst tun musste, bevor ich auch nur im Geringsten daran denken konnte, mich auf eine neue Beziehung einzulassen. Dieser Moment stellte einen weiteren Wendepunkt in meinem Leben dar. Ich begann, mir ein Vision Board zu erstellen. Es war eine kleine Magnettafel, auf der ich mir in Worten oder Bildern all das vor Augen führte, was ich tun oder haben wollte, um glücklich zu sein. Das, was mich selbst glücklich machen würde. Nicht meine Freunde, Kollegen oder mein Umfeld. Nur mich alleine!

- Yoga
- Mich einer spirituellen Gruppe anschließen
- In ein bestimmtes Konzert gehen
- Einen Vertrag mit einem Fitnessclub abschließen
- Sogar einen Kochkurs belegen
- Eine Reise in die Berge an einem Sonntagnachmittag
- Einen Spaziergang an der Isar unternehmen und auf möglichst viel Laub treten, um zu hören, wie die trockenen Blätter bei jedem Schritt unter meinen Schuhen rascheln

Was immer es war, das Board führte mir ständig vor Augen: Mach es einfach! In anderen Worten, ich unternahm den Versuch, nur die Dinge zu tun, von denen ich wusste, dass sie meine Seele kitzeln und mein innerstes Wesen nach außen bringen würden. Obwohl ich es anfangs noch nicht wusste, war es mein Ziel, das kleine Mädchen in mir zu wecken und ihr endlich wieder zu erlauben, zum Vorschein zu kommen und an meiner Seite an einem sicheren Ort zu spielen. Ich schnitt Bilder aus Zeitschriften aus und tat, was immer mich dazu brachte, zu visualisieren, wie sich wahres Glück anfühlt. Ihr seht also, dass ich während dieser Zeit entdeckte, dass ich stets darum bemüht gewesen war, mein Umfeld glücklich und zufrieden zu machen, und dabei mein eigenes wahres Glück ignoriert hatte. Es war wie ein Weckruf: *Hallo!* Kein Wunder, dass ich zurückblickend scheinbar nie in einer sogenannten »gesunden Beziehung« hatte bestehen können, unabhängig davon, wie sehr ich mich angestrengt hatte. Obwohl es immer zwei für eine Beziehung braucht, stellt sich mir heute die Frage, wie es möglich ist, Liebe zu geben, wenn man nicht wirklich bereit ist, sich selbst zu lieben oder Respekt vor sich selbst als menschliches Wesen auf dieser Erde zu haben? Jemand hat einmal gesagt: »Liebst du dich selbst so, wie du geliebt werden willst?«

Nach meinem ersten Treffen mit meinem Mr. Right hier in Deutschland hatte ich ein so wunderbares Strahlen gehabt und meine Aura leuchtete hell und glänzend in meiner Erinnerung. Es schien, als ob über Nacht mich plötzlich Männer überall auf der Straße und in der U-Bahn anhielten und baten, einen Kaffee mit ihnen zu trinken. Einer von ihnen wollte mich sogar malen. Seltsam, dachte ich, was ist denn jetzt los? Bis es mir dämmerte. Wenn wir glücklich sind, wirklich von innen heraus glücklich sind und dieses Glück annehmen, wenn wir glücklich mit unserem Aussehen sind und mit den Lektionen, die das Leben uns erteilt hat, dann wird diese Aura nach außen hin sichtbar und wahrnehmbar, um unsere wahre Liebe zu finden.

Aber dahin müssen wir erst einmal kommen. Mein Gott, was für harte Lektionen musste ich lernen bis zu diesem Punkt. Warum musste gerade ich all diese Lektionen zur Aufgabe bekommen? Hatte ich bei meinen Gebeten um meine Wünsche oft nicht gut genug aufgepasst, sie nicht genau genug spezifiziert? Einmal betete ich um einen spirituellen Liebhaber und bekam einen Alkoholiker, wenn auch extrem spirituell. Wenn ihr euch jetzt fragt, ob ich noch einmal eine Zeitungsannonce gestartet habe oder die vielen einfachen Internetoptionen probiert habe, lautet die Antwort: Ja. Hat es funktioniert? Nun, ich bekam einige Antworten, aber die Wahrheit ist, ich bin noch nicht bereit dafür, bin immer noch dabei herauszufinden, wer ich bin und was ich wirklich will. Die Zeit wird es zeigen oder vielleicht habe ich auch einfach Sehnsucht nach einem rauen Südstaatenakzent, der mir von hinten in mein Ohr flüstert: »Herr, ich muss gestorben und im Himmel sein, weil ich gerade einen Engel sehe.« Ich wünsche euch auf alle Fälle viel Glück da draußen. Bleibt positiv, singt, betet, tanzt und schreit. Baut euch ein Vision Board mit all euren wichtigsten Wünschen und Zielen. Geht mit glücklichen Gedanken durch die Welt und lasst euer Licht erstrahlen. Aber vor allem seid dazu bereit, zuerst euch selbst zu lieben.

Zum Abschluss möchte ich den Single-Frauen unter euch noch ein bisschen Sportunterricht vermitteln. Da alle Welt im Allgemeinen und die Männer in München im Speziellen unentwegt über Fußball reden, will ich euch einen Rat zu diesem Thema mit auf den Weg geben. Nicht immer, wenn Männer sich über einen Hattrick unterhalten, sprechen sie über Fußball, wohl aber in gewisser Weise über Sport. Unter einem Hattrick versteht man gemeinhin in einigen Sportarten – vorrangig aber im Fußball und im Eishockey – das Erzielen von drei Toren durch denselben Spieler in einem Spiel. Den feinen Unterschied erkennt frau, wenn ihr, wie ich vor einigen Jahren, während eines Dates auf einen dieser Sportfanatiker trefft.

O.k., ich weiß, wir alle haben unterschiedliche Geschmäcker, wenn es um Männer geht, Gott sei Dank! Dieser Tipp ist gedacht für Frauen wie mich mit einer starken Persönlichkeit. Welcher ist der Richtige für uns? Wie finden wir einen solchen Mann? Mädchen, alles, was ich sagen kann, ist: Wartet auf einen, der ruhig und besonnen ist und seine Mutter anbetet, ohne an ihr zu kleben. Wenn er dann noch weibliche Geschwister hat, habt ihr vielleicht den Jackpot! Ich für meinen Teil hatte mit Männern, die eine oder mehrere Schwestern hatten, die besten Erfahrungen. Natürlich gibt es auch Ausnahmen. Probiert es aus und lasst mich wissen, was ihr darüber denkt.

Ich ging also einmal mit einer solchen Sportskanone aus, der im Laufe des Abends doch tatsächlich damit prahlte, einen Hattrick gemacht zu haben, weil er – und jetzt haltet euch fest – in einer Nacht mit drei verschiedenen Frauen geschlafen hatte. Er war wirklich stolz darauf und glaubte, mich damit zu beeindrucken! Das konnte doch nicht sein Ernst sein, oder? Nach seiner Prahlerei fragte ich ihn, ob er eine Schwester habe, und wie ich mir schon denken konnte, hatte er keine. Dieses Date beendete ich augenblicklich, aber nicht ohne ihm zu sagen, dass er, wenn er Schwestern hätte, sich ein solches Verhalten nochmals überlegt hätte. Die ungeschminkte Wahrheit lautete doch, dass er keinen Respekt vor einer Frau hatte. Zwar war es für mich eher die harte Schule, doch am Ende hatte ich wieder etwas Neues aus der Welt des Sports gelernt.

Ich möchte dieses Kapitel beenden mit den Worten einer dreiundachtzigjährigen Frau, die sich einst neben den Mann setzte, von dem sie glaubte, er sei der Richtige. »Wenn ihr meint, es wäre der Richtige, setzt euch neben ihn und fühlt. Fühlt einfach, ob ihr jetzt in diesem Moment und an diesem Ort für alle Zeiten sitzen bleiben könntet. So war es, als ich meinen Mann getroffen habe.«

No Date Night Chicken Salad

Dahoam is dahoam: Hähnchensalat mit viel Knoblauch – und ich meine *viel*. Dies ist eines meiner Lieblingsrezepte, es ist schnell gemacht, leicht und rrrrrrichtig lecker.

- 2 ganze Bio-Hähnchenbruststücke (die sind nicht so trocken) ohne Haut
- 6 EL Olivenöl mit Zitronengeschmack (bekommt ihr auch im Bioladen)
- 75 g gehackte Datteln (ich kaufe immer die israelischen)
- eine kleine Handvoll gehackter Fenchel
- 4 bis 6 große Zehen gehackter frischer Knoblauch (je nach Stimmung)
- eine halbe rote Chilischote (Südstaatenfrauen fangen mit einer ganzen an)
- 3 EL Worcestershire-Sauce
- 2 EL Sojasauce
- 1 TL Senf
- Saft einer halben frischen Zitrone
- 4 EL Balsamico-Essig
- 2 EL geriebener Parmesan
- 1,5 Scheiben Vollkorntoast, gewürfelt (was machen wir mit der restlichen Hälfte? Ach, nehmt einfach beide Scheiben)
- je zwei Zweige frische Kräuter: Rosmarin, Oregano, Thymian
- Ach ja, und natürlich Salat. Nehmt euren Lieblingssalat, ich verwende meist eine Fertigmischung aus Feldsalat, Roman und Lollorosso, der schon gewaschen und geschnitten ist. Jede Sekunde zählt!

Nehmt eure liebste beschichtete Bratpfanne, erhitzt sie auf mittlere Temperatur und gebt 3 EL von dem Olivenöl in die Pfanne. Dann fügt den Fenchel, die gehackte Chilischote und die Hälfte des Knoblauchs hinzu und bratet alles unter Rühren glasig (nicht braun!).

Legt die Hähnchenbrüste als Ganzes auf die angebratene Knob-lauch-Fenchel-Chilimischung und bratet sie bei mittlerer Hitze für ca. 8 bis 10 Minuten auf beiden Seiten je nach Dicke so an, dass sie nicht trocken werden. Streut die gerupften Kräuter auf das Fleisch und verteilt 1 EL der Worcestersauce darüber. Nach dem Wenden streut die gehackten Datteln ebenfalls über das Fleisch. Es ist fertig, wenn es eine schöne hellbraune Farbe hat, so wie eben eine Hähnchenbrust aussehen sollte. Nehmt das Fleisch und die Datteln aus der Pfanne und lasst es in einer Alufolie etwas ruhen. Die Pfanne beiseite stellen, noch nicht ausspülen!

In der Zwischenzeit könnt ihr das Salatdressing zubereiten. Dafür zerdrückt den restlichen Knoblauch mit einer Gabel für eine Minute im restlichen Olivenöl. Dann gebt Senf, W-Sauce, Sojasauce und Essig langsam unter Rühren dazu, fügt den Salat dazu und mischt alles gut durch. Danach schneidet die Hähnchenbrust in mundgerechte Würfel und gebt sie zusammen mit den gehackten Datteln auf den Salat. Rührt kurz durch und lasst es ziehen.

Jetzt gebt die Toastwürfel in die Pfanne, in der noch das Öl und die gebratenen Kräuter sein sollten, schaltet den Herd noch einmal auf volle Hitze und bratet die Würfel unter ständigem Wenden kurz für zwei Minuten knusprig an. Streut während des Bratens ein wenig von dem Parmesankäse über das Brot. Nun gebt den kompletten Inhalt der Pfanne mit dem noch heißen Brot auf den Salat, dazu den restlichen Parmesan und den Zitronensaft darüber und rührt ein letztes Mal kurz durch. Eine Prise frischen Pfeffer drüber – *fertig*!

Schnappt euch einen Teller, ein gutes Glas oder gleich die ganze Flasche Weißwein, zum Beispiel einen Chardonnay oder Riesling, legt eure Lieblings-DVD ein und genießt das Leben.

Tipp: Zum Nachtisch empfehle ich einen kleinen Becher Naturjoghurt mit einem Teelöffel Honig darin. Dieses alte Geheimrezept beseitigt alle Spuren von Knoblauchgeruch, falls ihr am Tag darauf doch ein Date haben solltet.

Soulfood

für Schwestern
und Freundinnen

Soulsisters

Eine leibliche Schwester zu haben muss etwas absolut Wundervolles sein. Zumindest habe ich das immer gedacht. Mir wurde lediglich das Geschenk gemacht, mir ein paar Schwestern zu wählen. Ich nenne sie meine »*Chosen Sisters On Earth*« oder »Seelenschwestern«. Bisher habe ich in meinem Leben nur drei dieser Schwestern gewählt oder sie mich. Ich wollte immer eine Schwester, eine große Schwester, die auf mich aufpasste, meine Tränen trocknete, mir gute Ratschläge erteilte oder mich vielleicht sogar an einem kalten Tag wärmen würde. Es ist schon möglich, dass einige dieser Fantasien darüber, wie es wohl wäre, eine Schwester zu haben, den Fernsehsendungen meiner Kindheit entsprangen. Diese lachten und spielten und hänselten sich. Ich hatte das Gefühl, etwas Großartiges verpasst zu haben. Um diesen Mangel an Schwesternliebe zu kompensieren, habe ich im Laufe der Jahre diese Seelenschwestern bekommen. Sie wurden von meinem Herzen auserwählt, und ich wurde von deren Herzen gefunden. Denn wir wählen unsere Freunde und Freundinnen, wohingegen die Familie keinen Raum für Wahlmöglichkeiten lässt. Ich habe auch Freunde und – wow! – das macht mich doch zu einem glücklichen Menschen, oder?

Die Menschen in meinem Umfeld würde ich persönlich in drei verschiedene Kategorien einteilen, obwohl dieses Kategorisieren eigentlich nicht mein Ding ist. Aber wir tun es alle in gewisser Weise. Je älter ich werde, umso öfter höre ich jemandem zu, der mir an einer Hand seine wenigen echten Freunde aufzählt. Selten kommt jemand auf mehr als eine Handvoll. Die Handvoll sind wirklich wunderbare Freunde, die meisten anderen sind Bekannte und ab und zu treffe ich auf einen dieser Energieräuber, meine persönliche dritte Kategorie.

Meine guten Freunde sind Menschen, mit denen ich ab und zu etwas unternehme. Wir sehen einander manchmal über Monate hinweg überhaupt nicht. Nichts außer fehlende Energie oder mangelnde Zeit für ein Treffen sind daran schuld. Es ist auch nicht schlimm. Oft sind wir in eine neue Stadt gezogen, haben geheiratet und Kinder bekommen oder das Leben hat uns vor eine seiner Herausforderungen gestellt.

Auf der anderen Seite sind die Bekannten in unserem Leben. Sie mussten nett genug gewesen sein und etwas mit uns gemeinsam gehabt haben, sonst wären wir niemals in Kommunikation miteinander getreten. Diese Bekannten kommen und gehen. Vielleicht treffen wir uns ein- oder zweimal im Jahr auf einen Kaffee oder jetzt eben Tee und plaudern ein wenig. Es ist okay, auch wenn wir nur am Telefon Hallo sagen und für ein paar Minuten quatschen. Oft führt so ein Telefonat zu dem Versprechen, sich demnächst mal wieder zu treffen. Ich bin jedoch meist gar nicht enttäuscht, wenn ich es einmal nicht schaffe, mich mit einem entfernten Bekannten zu verabreden. Wir sagen zwar Dinge wie: »Wir müssen uns unbedingt mal wieder zum Essen treffen«, »Lass uns mal ins Kino gehen«, »Dieses Jahr klappt es bestimmt mal mit einem Kaffee in der Stadt«. Doch es scheint, als wäre niemand in der Lage, in dieser Situation seinen Terminkalender zu zücken und einen Termin vorzuschlagen. Es bleibt beim Versprechen, sich zu sehen oder wieder anzurufen. Dieses Versprechen verlässt unsere Münder und steigt über die Bergeshöhen hinauf in den weiten Himmel und verschwindet ohne jeden Plan auf Rückkehr.

Bleiben noch die Energieräuber, die ab und zu in mein Leben treten. Es passiert nicht allzu oft, doch sie bedeuten eine abrupte Unterbrechung in meinem Lebensfluss. Sie fordern meine Aufmerksamkeit, meine Ideen und Gedanken, sie wollen lachen und Spaß haben, sind aber oft verschlossen, sofern es ihre eigenen Ideen betrifft. Ich bemerkte mit der Zeit, dass ich nach einem Treffen mit einem dieser Räuber oft müde und abgeschlagen nach Hause kam. Ich spürte eine Leere, als ob jemand meine gesamte Lebensenergie aus meinem Körper gesaugt hätte, so wie ein halb ausgedrückter Schwamm. Energieräuber kommen nicht, um mit dir zu teilen. Wie eine Motte umkreisen sie dein Licht. Wie Bienen sind sie auf der Suche nach Pollen, weder fähig zu, noch interessiert an einem Austausch von Ideen. Das einzige Ziel ist es, so viele Informationen und Energie wie möglich zu bekommen, um dann so plötzlich, wie sie kamen, wieder zu verschwinden. Wenn sie verschwunden sind, bleibst du allein und leer zurück mit dem bitteren Geschmack der Erkenntnis, dass du aus diesem Treffen für dich absolut nichts mitnehmen konntest. Es hat Jahre gedauert, um das Muster zu begreifen. Ruf einen dieser Räuber an und bitte ihn um einen Rat oder einen Gefallen. Er wird immer beschäftigt sein, aber versprechen, zurückzurufen. Was er aber erst dann tut, wenn er wieder etwas von dir braucht. Dein Terminkalender, sollte er schon den Energieräuberfilter eingebaut haben, würde in diesem Moment ein Warnsignal senden: *Beep Beep Beep Beep – Aus der Liste entfernen – Aus der Liste entfernen!* Seit ich auch im Umgang mit Freunden eine gewisse Reife erlangt habe, säubere ich mein Adressenverzeichnis einmal im Jahr konsequent. Freunde, Bekannte und Räuber werden einer strengen Prüfung unterzogen. Ich gebe zu, dass ich hier ein wenig egoistisch geworden bin. Ich schaue mir die Für und Wider an und entscheide, ob dieser Mensch mir meine kostbare Zeit wirklich wert ist. **Wenn es keine Beziehung von Geben und Nehmen mehr ist, habe ich gelernt, loszulassen.** Manchmal tritt ein Freund in unser Leben, um uns irgendetwas zu lehren. Eine Lektion über das Leben oder die Liebe. Wenn seine Zeit dann abgelaufen ist, müssen wir auch wieder loslassen können. Diese Signale, loszulassen, habe ich in der Vergangenheit öfter einmal ignoriert oder verdrängt. Wie sieht es mit euch aus?

Drei Schwestern

Eine meiner guten Freundinnen ist Lee. Sie ist die dritte von vier Schwestern. Da ich selbst keine Schwestern habe, begann ich Lee vor einiger Zeit darüber auszufragen, ob mir etwas fehlte, wie es war, sich anfühlte, eine Schwester zu haben. Segen oder Fluch. Ich bemerkte als Erstes eine Veränderung im Klang ihrer Stimme, als Lee anfing, über ihre Schwestern zu sprechen. Bei jeder der Schwestern war es unterschiedlich. Über ihre älteste Schwester, die Erstgeborene, redete sie in sehr weichen Tönen und der Klang war liebevoll. Sie gestand mir, dass diese Schwester eine Behinderung hat und somit, auch wenn sie älter war, trotz allem in ihrer Seele die Jüngste der vier Mädchen blieb. Bei der weiteren Aufzählung der anderen Schwestern und deren Alter konnte ich in Lees Augen sehen und in ihrer Stimme hören, was jede der Schwestern für sie bedeutete. Sie erzählte mir auch noch von Cousinen, die ins Netz der Familie eingewoben waren. Warum auch immer, es waren nur noch weibliche Mitglieder in diesem Geflecht vorhanden. Dann sagte sie etwas Erstaunliches. Sie wies darauf hin, dass, mich eingeschlossen, die meisten ihrer Freundinnen starke Frauen wären und aus Familien stammten, bei denen entweder der Vater früh gestorben war oder die Familie verlassen hatte. All diese Frauen waren von alleinerziehenden Müttern aufgezogen worden. Daher waren es starke, mächtige und vielleicht sogar ein bisschen eigensinnige Frauen. Als Lee mir Geschichten von ihren Schwestern erzählte, beneidete ich sie darum, wie genau sie wusste, welchen Knopf sie bei jeder Schwester drücken musste, um sie auf hundertachtzig zu bringen oder auch, um etwas Bestimmtes zu bekommen. Auf meine Frage, was es bedeutet, Schwestern zu haben, erzählte sie mir, dass sie zuerst einmal Gleichberechtigung zwischen Männern und Frauen für etwas Selbstverständliches gehalten hatte, da sie es anfangs auch nicht besser wusste. Wie sie heute erkennt, war es ein großes Geschenk, solche starken Frauen hinter sich zu haben. Wisst ihr, im ersten Moment stellte ich mir vor, wie die Welt sein könnte, als sie mir von dieser Frauenpower erzählte. Was für ein schöner Gedanke, wenn wir alle uns auf der ganzen Welt gegenseitig wie Schwestern behandeln würden. Mit all den Werten, der Kraft, den geteilten Emotionen, dem Füreinander, der Fürsorglichkeit, und das jeden einzelnen Tag für den Rest unseres Lebens! O.k., o.k., ich weiß, ich träume. Aber es war einfach ein wundervoller und friedlicher Gedanke.

Eine meiner Schwestern, die ich mir ausgesucht habe, ist Joe. Sie stieg aus einem Flugzeug, das aus Colorado kam. Sie war nach Deutschland gekommen, um die US-Truppen während des »Desert Storm«-Einsatzes zu unterhalten. Ihr Engagement für die Truppen sollte sie und ihre Band in viele verschiedene Länder Europas führen – mit Start in Deutschland. Wir trafen uns auf der Airbase in München und wussten vom ersten Augenblick an, dass wir auf eine magische Art verbunden waren. So, als hätten wir uns schon immer gekannt, vielleicht schon aus einem anderen Leben, einer anderen Dimension, wie Joe auch heute immer noch betont. Ich war noch neu im Musikgeschäft, doch Joe war damals schon eine fantastische, talentierte professionelle Pianistin, die in der Welt herumgekommen war und sogar schon für Präsident Ford gespielt hatte.

Ich hatte ihr erzählt, dass ich Sängerin werden wollte. Eines Nachts holte sie mich auf die Bühne des Clubs, um zusammen mit ihr und der Band ein Lied zu singen. Sie spielte mit mir in der Pause das Lied kurz an, um für mich die richtige Tonart zu finden. Damals hatte ich keinen Schimmer von Tonarten und Quintenzirkeln, aber ich gab mein Bestes und Joe begleitete mich an ihrem beeindruckenden Piano mit drei Ebenen und unterschiedlichen Sounds. Als der Song zu Ende war und ich wieder zurück an meinen Platz gehen wollte, hielt sie mich noch kurz zurück und sagte: »Du hast eine klasse Stimme, mach etwas daraus. Nimm Unterricht, arbeite daran und nimm dieses Talent ernster!« Sie zwang mich mehr oder weniger dazu, während ihrer Zeit in Deutschland mit ihr zu arbeiten. Wir verbrachten jede ihrer freien Stunden miteinander, verabredeten uns zu gemeinsamen Proben, wo sie mit mir neue Songs einstudierte, Tonarten ausprobierte und über Abläufe und Texte diskutierte. Joe fand in mir eine dankbare Schülerin, die sie mit geduldiger Hingabe und Liebe in die Regeln der Musik und des Musikgeschäfts einführte.

Unsere Beziehung begann zu wachsen und obwohl sie in Colorado lebte, kam sie regelmäßig nach Deutschland geflogen, um mich zu besuchen und mit mir zu arbeiten. Es war während unseres dritten Jahres, glaube ich, als sie ihre Kleider ausgepackt und sich in meinem Gästezimmer eingerichtet hatte. Sie kam ins Wohnzimmer und hatte mir ein Buch mitgebracht, das sie mit einer Feierlichkeit in Händen trug, als wäre es eine Art von Bibel. Ich spürte sofort, dass dieses Buch für Joe eine ganz besondere Bedeutung haben musste. Als sie es mir übergab, sagte sie ernst:»Du kannst noch nicht erahnen, was ich dir heute überreiche, aber ich liebe dich so, du bist meine kleine Schwester, darum sollst du es bekommen. In einigen Jahren wirst du den wirklichen Wert dieses Geschenks erkennen.« Joe hat selbst zwei leibliche Schwestern. Deshalb erklärte sie mir noch:»O.k., ich habe zwei Schwestern, wie du weißt. Doch du bist von jetzt an meine neue kleine Schwester, für immer.« In der kommenden Zeit trieb sie mich beinahe in den Wahnsinn. »Hast du heute schon geübt? An welchem Song arbeitest du gerade? In welcher Tonart hast du es versucht? Hast du den Text schon drauf? Wie gefällt dir das Ablaufschema?« Dieses Buch, das sie mir damals gab, war *das* Standardwerk für alle Jazzsänger auf der ganzen Welt. Viele Jazzmusiker kennen es und einige großartige Topkünstler wissen den Inhalt weitgehend auswendig. Es war das »Jazz Fake Book für Sänger«. Achtzehn Jahre ist es jetzt her, seit ich das Buch von ihr bekommen habe. Tatsächlich dauerte es mehr als acht Jahre, bevor ich den Wert dieses Geschenks erkannte. An diesem Tag, als ich endlich begriff, wie viel Inspiration, Wissen und Musikalität in diesem Werk steckten, rief ich sie an. Quer über den Atlantik den wei-

ten Weg bis nach Colorado, um ihr zu danken und zu bestätigen, was sie mir acht Jahre zuvor prophezeit hatte. Diese hoch-
talentierte, kreative und unglaublich tolle Pianistin, die mit den
besten Musikern der Welt spielen konnte, hatte mir die Jazz-
Bibel für Sänger geschenkt. Mir, die ich musikalisch noch ganz
am Anfang stand. Ich begann erst damit, mein Talent zu suchen,
meine Sounds zu entwickeln und war noch grün hinter den Ohren. Und sie schenkt mir dieses großartige Buch. Ist es das?
Würde eine ältere Schwester ihrer jüngeren leiblichen Schwester ein solches Geschenk machen?

Es wurde schon oft darüber geschrieben, dass immer wieder
Menschen in dein Leben treten, ungewiss ob für eine Stunde,
einen Tag, einen Sommer lang oder gar für ein ganzes Leben.
Ich hoffe, dass Joe mich ein Leben lang begleiten wird, denn sie
ist für mich eine Schwester geworden. Versteht mich bitte nicht
falsch. Unsere Beziehung hatte Höhen und Tiefen. Anfangs war
ich von ihrem Wissen und ihrer Brillanz regelrecht einge-
schüchtert. Es dauerte Jahre des Wachsens für mich, bis ich
stark genug war, mich auch einmal gegen sie zu stellen und ihr
die Wahrheit zu sagen, wenn es erforderlich war. Ist es das, was
Schwestern ausmacht? Braucht es auch Zeit des Wachsens, bis
eine jüngere Schwester den Mut und die Selbstsicherheit auf-
bringt, um sich gegen die ältere Schwester aufzulehnen? Oder
ist es gar kein Thema und leibliche Schwestern können sich immer die Wahrheit sagen?

Meine nächste Frage an Schwestern beschäftigt sich damit,
ob sich die Rollen irgendwann im Laufe des Lebens ändern.
Bleibt die große Schwester immer in ihrer starken und verant-
wortlichen Rolle, den kleineren die Welt zu erklären, oder än-
dert sich das später? Ist eine Schwester immer die Starke, stärker als die anderen Geschwister? Oder ist jeder einmal in der
Position, oben zu sein, den Boss zu spielen. Wie bei unserer
Erde, wo sich im Laufe der Drehung immer ein anderer im Sonnenlicht befindet. Der Grund, warum ich diese Frage stelle, ergab sich aus der Veränderung meiner Beziehung zu Joe. Sie war

immer Musikerin und hat ihr gesamtes Leben damit verbracht. Ja, klar, ist sie älter als ich – und nein, ich werde euch nicht sagen, um wie viel älter, sie würde mich umbringen! Sie war schon immer eine Künstlerin, die sich für ihre Musik und die Jobs aufgab. In all den Jahren, es werden bald zwanzig sein, seit wir uns kennen, wollte sie immer eine CD produzieren. Ich kann nicht mehr sagen, wie oft ich die gleichen Worte zu hören bekam: »Ich werde meine eigene CD machen.« Dieses Jahr dann endlich, während ich die Gedanken zu meinem Buch notierte, wurde mir wieder bewusst, wie lange meine große Schwester schon vorhatte, eine CD aufzunehmen. Ich stand zornig auf, schrie und stampfte mit dem Fuß auf den Boden wie ein kleines Schwesterchen, das nicht ins Bett möchte, und rief sie an: »Nimm jetzt endlich diese verdammte CD auf, hörst du! Baue um Himmels Willen endlich deine Website, lass ein paar ordentliche Bilder von dir machen, schreib deine Chronik. Und hör auf, darüber zu reden, sondern geh in ein Studio und bring deine CD auf den Markt!« Oh, ich war so wütend. Sie hat es tatsächlich getan, *yeah*! Seht ihr, das meinte ich mit dem Rollentausch unter Schwestern. Ist es auch unter leiblichen Geschwistern so, dass es im Laufe der Entwicklung eine Art von Rollentausch gibt, welcher der anderen Schwester erlaubt, ins Sonnenlicht zu treten und ihrer Schwester einen Teil davon zurückzugeben, was sie so lange erhalten hat?

Joe hatte sich nie beklagt und ging einen Schritt hinter mir her, damit ich leuchten konnte, sie war immer der Wind unter meinen Flügeln gewesen – so wie es im bekannten Lied von Bette Midler heißt. Doch jetzt war ihre Zeit gekommen, zu strahlen. So viele Jahre hatte sie mir versichert, wie stolz sie auf mich und meine Leistungen war, dass meine Stimme sich entwickelt hatte und gereift war. Jetzt konnte ich endlich auch ihr einmal gratulieren, ihr so positive und schöne Dinge sagen. Ihr Produzent hat einen ihrer Titel für einen Grammy 2013 eingereicht und ich drücke ihr ganz fest die Daumen. Denn sie war es, die mich lehrte, wie man einen anderen Menschen strahlen lassen kann, und jetzt schließt sich der Kreis. Sie ist nun an der Reihe zu glänzen, im Scheinwerferlicht zu stehen und sich zu nehmen, was ihr schon so lange Zeit zusteht.

Ist es das, was leibliche Schwestern tun? Treffen sie solche Entscheidungen aus der Seele heraus, treten in den Hintergrund, um ihrer Schwester den Weg zu bereiten, damit diese erfolgreich sein kann? Denn wenn es das ist, wie es zwischen leiblichen Schwestern funktioniert, dann denke ich, muss ich nicht traurig sein. Dann habe ich wahrscheinlich doch nicht so viel verpasst, wie ich ursprünglich dachte. Oder doch? Habt ihr jemals bemerkt oder beobachtet, dass sich zwei schwarze Frauen anlächeln und grüßen, bevor sie weitergehen, wenn sie sich irgendwo begegnen? Vielleicht habt ihr eine schwarze Freundin, mit der ihr ab und zu in der Stadt unterwegs seid. Es ist interessant, weil die meisten schwarzen Frauen in Deutschland wissen, dass sie sehr wenige sind, und sich deshalb viele von uns die Zeit nehmen, einander mit einem Lächeln und diesem kurzen Kopfnicken wertzuschätzen. Ich muss zugeben, dass es ein schönes Gefühl ist. Ihr werdet wieder einmal denken, dass diese Liz verrückt ist, wenn sie annimmt, ihr werdet von nun an auch jede Frau grüßen und ihr zunicken, die euch ähnlich ist, solltet ihr diese auf der Straße sehen.

O.k., o.k., das ist nur ein Gedanke, aber es wäre irgendwie cool. Doch genau so habe ich meine nächste Seelenschwester gefunden. Als wir uns trafen, kam sie eben aus einem Fahrstuhl und mitten hinein in mein Herz. Es war in der Fleischmarkt- und Galazeit, wo ich tagsüber als Rezeptionistin und nachts als Sängerin unterwegs war. Ich werde nie vergessen, wie Jackies Gesicht zu leuchten begann, als sie mich hinter meinem Schreibtisch sitzen sah. Von Anfang an war die Verbindung zwischen uns da. Es war ein dankbares und festes Band. Jackie stammte aus New York, ruhig und schüchtern. Ich liebte ihr Kichern, und ihr Lächeln war in der Lage, jedes noch so harte Herz zu erweichen. Wenn sie einem in die Augen schaute, war es, als könne sie geradewegs in unsere Seele blicken. Obwohl wir sofort einen Draht zueinander hatten, brauchte es doch einige Zeit, bis wir zusammengewachsen waren, uns gegenseitig voll zu vertrauen und Geheimnisse über Schmerzen, Träume oder Zweifel zu teilen. Sie ist so lustig und so belesen, dass ich bei der Suche nach einem neuen Buch zuerst ihre Meinung einhole. Ich liebe die Art, wie sie flucht. Ihr genügt meistens dieser eine Standardfluch: »*Oh shit, man, come on, who says that?*« Ich genieße es, Jackie zu Hause zu besuchen. Sie lebt zusammen mit ihrem Mann und vier wundervollen Töchtern zwischen zwei und zwölf Jahren und sie hat eine ältere Schwester. Soweit es mich betrifft, hätte ich Jackie bereits einen Ehrendoktortitel für Schwesterlichkeit und Weisheit verliehen. Sollte ich aus Versehen einmal keine Visitenkarte von mir dabei haben, wenn wir unterwegs sind und jemand fragt mich danach, dann solltet ihr sie erleben! Sie quengelt wie eine richtige ältere Schwester, obwohl ich doch die Ältere bin. Ist das wieder ein Hinweis darauf, wie leibliche Schwestern miteinander umgehen? Trotz des Altersunterschiedes übernimmt je nach Situation eine der Schwestern gleich welchen Alters die Verantwortung. Bei der Suche nach Ideen zum Ausbau meines Geschäftes oder zu Vorträgen hat sie immer ein offenes Ohr und kreatives Feedback für mich. Es gab Momente in meinem Leben, wo ich wirklich falsch lag, doch ihre Ratschläge und ihr Trost waren immer weich und positiv. »Alles wird gut werden, Liz, mit dir und mit deiner Situation!«

Ja, ich würde gerne bei Jackie zu Hause sein. Es fühlt sich bei ihr immer sicher, warm, gemütlich und beruhigend an. Wir haben ein Ritual, wenn wir uns sehen. Zuerst kommt eine große Umarmung, dann setzen wir uns bei ihr an den Küchentisch, holen uns etwas zu trinken. Und dann reden und reden und reden wir. Stundenlang. Bei Jackie sein heißt zu Hause zu sein. Wieder frage ich euch: Ist das wahre Schwesternliebe, können leibliche Schwestern einfach an ein Gespräch anknüpfen, wo sie beim letzten Mal aufgehört haben, als ob das Leben die Pausetaste gedrückt hätte, bis sie sich wiedersehen? Wenn eure

Antwort »Ja« lautet, bin ich dankbar. Obwohl ich keine leibliche Schwester habe, verfüge ich über den unbeschreiblichen Luxus einer Seelenschwester auf dieser Erde, die einen vollwertigen Ersatz darstellt.

Lasst mich euch zum Abschluss noch meine beste Jackie-Story erzählen. Sie führt uns zurück in die Zeit, bevor sie Kinder hatte und ich begann, mein eigenes Geschäft aufzubauen. Wir versuchten, uns mindestens einmal im Monat für einen Kinobesuch zu treffen. An diesem Abend hatten wir ein Kino in der Innenstadt ausgesucht. Ihr ahnt schon, dass die Suche nach einem Parkplatz trotz aller Rituale eine gewisse Herausforderung darstellte. Doch ich fand meine Parklücke und wir gingen hinein. Nach dem Film kamen wir zum Wagen und mussten feststellen, dass uns ein anderes Fahrzeug komplett eingeparkt hatte. So ging ich zurück ins Kino und fragte laut, aber höflich in die Runde der umherstehenden Besucher, wem das bestimmte Fahrzeug gehörte. Einer der Männer kam auf mich zu und gab zu, der Übeltäter zu sein. Er würde nur kurz seine Schlüssel holen. Als er davonging und ich dastand, um auf ihn zu warten, sagte ein anderer Mann, der in der Nähe stand und alles mitbekommen hatte, zu mir: »Wow, das war aber freundlich. Ich wäre an ihrer Stelle nicht so ruhig geblieben, wenn mich einer eingeparkt hätte.«

Nach kurzer Zeit kam der andere mit seinen Schlüsseln zurück. Es war ihm ziemlich peinlich, dass er mich mit seinem Auto förmlich eingesperrt hatte. Aber statt sich zu entschuldigen, sagte er, ich hätte drinnen doch ein wenig freundlicher sein können. Ich war total schockiert und fragte ihn, ob er tatsächlich das Gefühl hätte, ich wäre nicht freundlich genug gewesen. Jackie, die beim Auto gewartet hatte, hörte die Veränderung am Klang meiner Stimme, die jetzt doch etwas mehr an Volumen bekam. Sie kam herüber und fragte mich, wo das Problem sei. Nachdem ich ihr erklärt hatte, was ich eben erlebt hatte, sah ich zum ersten Mal in meinem Leben, wie meine kleine süße »*Oh shit, man*«-Jackie sich vor meinen Augen in den leibhaftigen grünen Hulk verwandelte. Jackie wechselte in weniger als zehn Sekunden ihr komplettes Fluchrepertoire von »*Oh shit, man*« hin zu wesentlich beängstigenderem Vokabular, wobei »Ich bringe dich um« noch das harmloseste war. Der verdutzte Mann vor ihr war etwa einen Meter neunzig groß, während Jackie es gerade mal auf einen Meter fünfundsechzig brachte. Doch um ihrem Ärger darüber Luft zu machen, wie empörend sie diese Geschichte fand, schrie sie ihn in einer Sprache an, die ich euch leider nicht im Detail wiedergeben kann. Wenn ich heute an diesen Vorfall denke, muss ich wieder lachen. Ich bin sicher, dass der Mann nie wieder eine Frau grundlos beleidigt. Wenn wir alle Glück haben, wird er auch nie wieder sein Auto so ungeschickt platzieren, dass ein anderer Verkehrsteilnehmer nicht mehr in der Lage ist, aus seiner Parklücke zu kommen. Schwesternblut in Rage? War es das? Verwandelt sich eine Schwester automatisch in eine Mama Hulk, um ihre kleine Schwester zu beschützen? Zwar war ich die ältere von uns beiden, obschon so am Boden zerstört, dass ich nicht in der Lage war, mich selbst zu verteidigen. Ich war doch so höflich und korrekt gewesen und er war wohl zu verlegen, um etwas Vernünftiges zu sagen. Aber meine Schwester, meine Seelenschwester auf Erden, übernahm für mich die Kontrolle! Wir lachten und lachten den ganzen Weg nach Hause. Selbst in dieser Nacht vor dem Einschlafen musste ich noch einmal laut loslachen, weil ich Jackie noch nie so erlebt hatte.

So, nachdem ihr diese Geschichte als erste hören durftet, werde ich sie gut in der Schatzkiste meiner Erinnerungen verschließen, bis die guten alten Tage gekommen sind. Für diejenigen unter euch, die wie ich ohne eine leibliche Schwester aufgewachsen sind, hoffe ich inständig, dass auch ihr eine Seelenschwester gefunden habt, die euch auf eurem Lebensweg zur Seite steht. Jemanden, mit dem ihr alt werden wollt, um dann dereinst im Schaukelstuhl auf der Veranda zu sitzen, Eistee zu trinken und sich gegenseitig Geschichten zu erzählen. Gute alte Geschichten aus der Vergangenheit. Um sich zu necken über alte Liebschaften, zu lachen: »Ich konnte einfach nicht glauben, dass du wirklich mit diesem Typ ausgegangen bist. Mein Gott! Du warst so blind!«

Ich hoffe, ihr habt eine solche Schwester, die euch so gut kennt, dass ihr mit ihr in die guten alten Zeiten zurückgehen könnt. Zurück zu: »Erinnerst du dich noch?« Zurück zu einem lächelnden: »Ja, das weiß ich noch genau! Das waren noch Zeiten.« Ich wünsche mir, dass euch allen mit einer leiblichen Schwester an eurer Seite bewusst ist, wie glücklich und gesegnet ihr seid. Das alte Sprichwort sagt: »Das Gras sieht auf der anderen Seite immer grüner aus.« Natürlich habe ich als Kind immer geglaubt, ohne meine leibliche Schwester etwas verpasst zu haben. Nach dem Schreiben dieses Kapitels wurde mir jedoch umso bewusster, dass Blut zwar dicker als Wasser ist, doch auch wenn wir nicht demselben Mutterleib entsprungen sind, habe ich in meinem Leben ein paar wahrhafte und liebevolle Schwestern gefunden.

Solltet ihr euch weshalb auch immer von euren Schwestern distanziert haben, möge euch dieses Kapitel wieder an schöne gemeinsame Zeiten erinnern. Findet den Mut, greift zum Telefon und ruft sie an. Das Leben ist nicht einfach und oft nicht gerecht, also macht euch keine Sorgen, wenn es heute einfach noch nicht geht. Vielleicht kommt die Zeit und mit ihr die Veränderung in euch beiden, um wieder zusammenzufinden. Eine Schwester zu haben, bedeutet für mich, jemanden zu haben, mit dem ich meine tiefsten Gedanken teilen kann. Einen sicheren Ort zu haben, an den sich kaum ein verfrühtes oder falsches Urteil hin verirrt. Ein warmer Schoß, in dem meine Tränen ungehemmt fließen dürfen, in dem Wissen, dass meine Schwester nicht denkt: »Du kommst darüber hinweg. Schau nach vorn!« Sollte es nicht so sein? Ist es so richtig? Sollten wahre Schwestern so miteinander umgehen?

Interview: Junge Seelen

Für das Kapitel Schwestern und Freundinnen wollte ich gerne auch einige junge Seelen fragen, was es für sie bedeutet, eine Schwester zu haben. Genießt diese Antworten, denn Kinder und Betrunkene sagen bekanntermaßen immer die Wahrheit, Gott sei Dank!

Emma und Madison
Emma ist fünf Jahre alt, ihre Schwester Madison zehn. Beide haben noch zwei weitere Schwestern im Alter von zwölf und zwei Jahren.

Warum ist es cool, Schwestern haben?
Madison: Weil sie lernen, zu teilen.

Was ratet ihr den anderen Schwestern da draußen?
Madison: Ignoriert nicht eure Schwestern, sondern lernt, mit ihnen auszukommen, anstatt gegen sie zu kämpfen. Es macht das Leben leichter.
Emma: Und schreit eure Schwester nie an! Auch nicht, wenn sie eure Spielsachen kaputt macht!

Wie kann man seiner Schwester verzeihen?
Madison: Ich erinnere mich an all die guten Dinge, die sie für mich getan hat!

Wie oft sagt ihr danke?
Emma: Ein Mal!

Wie oft bekommt ihr eine Umarmung oder ein Küsschen von eurer Schwester?
Emma: Ein Mal. Es sollten aber drei Mal sein!

Was könnt ihr von euren Schwestern lernen?

Emma: Wie man im Schnee spielt, auf einem Trampolin springt, Blödsinn zu machen, mit einer Barbie Puppe zu spielen oder einfach, wie man liest. Oh, und wie man pupst!

Was ist mit den anderen kleinen Mädchen, die ein brand-neues kleines Schwesterchen bekommen? Was ist euer Tipp?

Madison: Nicht ausflippen. Sucht nach etwas Gutem, auch wenn es eure kleine Schwester ist.

Emma: Und bringt ihr bei, nicht einfach ins Badezimmer reinzu-kommen.

JaMBaLaYa

Jambalaya ist eines der berühmtesten Gerichte aus New Orleans! Es ist ziemlich einfach zuzubereiten. Aber das Beste daran ist, dass es am nächsten Tag noch besser schmeckt. Ihr braucht fast zwei Stunden für die Zubereitung, aber glaubt mir, es lohnt sich!

Zutaten für ca. 6 Personen:

- 1 Pfund gereinigte geschälte Garnelen, mittelgroß
- 500 g Debrecziner gewürfelt
- 250 g geräucherter Speck, gewürfelt (ich verwende Truthahnrauchfleisch)
- ½ gewürfelte rote Zwiebel
- 1 Knoblauchzehe, gehackt
- 750 ml ungekochten Reis (Vollkornreis ist auch lecker)
- 750 ml warmes Wasser
- 1 Stange Sellerie, in Würfel geschnitten
- 1 EL Zitronen-Olivenöl
- 1 TL Cayennepfeffer
- ½ TL Tabasco
- 1 TL Worcestershire-Sauce
- 2 TL Sojasoße oder 1 TL normales Salz
- ½ TL Thymian
- ein Lorbeerblatt

Und so einfach geht's:

Zuerst holt Euch einen riesigen Topf, drei Liter sollten schon hineinpassen.

Zwiebeln, Knoblauch und Sellerie in den Topf geben und unter Rühren bei niedriger Hitze mit dem Olivenöl glasig anbraten. Wurst und Speck dazugeben und bei niedriger Hitze weiter garen. Cayennepfeffer, Tabasco, Worcestershire-Sauce und Thymian dazugeben. Weiterhin auf kleiner Flamme kochen, bis die Zwiebeln weich sind. Jetzt fügt den Reis,

Wasser und die Garnelen unter leichtem Rühren hinzu. Am Schluss das Lorbeerblatt drauflegen und den Topf zugedeckt bei niedriger Hitze etwa 35 bis 40 Minuten kochen lassen. Rührt alle zehn Minuten oder so einmal um, damit nichts anbrennt. Wenn der Reis nicht mehr Biss hat, ist die Jambalaya fertig. Ich serviere dazu französisches Weißbrot und eine wunderbare Flasche Chardonnay. Oder auch zwei. Guten Appetit!

Tipp: Ich gebe die Sojasauce immer ganz am Schluss hinzu.

Soulfood

für die reife Frau

Mit Engelsflügeln zum Orgasmus

In den letzten paar Tagen bin ich ruhelos durch meine Wohnung gelaufen. Immer wieder habe ich mich gefragt, was es bedeutet, eine reife Frau zu sein. Heißt es, dass ich alt bin? Darf ich meine Sexualität nicht mehr ausleben? Muss ich von jetzt an bis in alle Ewigkeit mein Gesicht alle sechs Monate mit Botox renovieren? Soll ich meinen Lieblingsbikini nun irgendwo in der hintersten Ecke meiner Kommode vergraben, nur um ihn ab und zu gegen meinen einst so tollen Körper zu halten, während ich mir meine durchtrainierten Oberarme zurückwünsche, die im Laufe der Zeit Engelsflügel bekommen haben? Ja, an meinen Körper, der doch einst so kurvenreich und straff gewesen ist! Bedeutet es, dass ich jedem Geburtstag, den ich erleben durfte und der unumkehrbar vorüber ist, Tränen nachweinen sollte? Oder bedeutet es, sich zu verlieben sei nun Vergangenheit? Keine neuen Liebhaber mehr, keine neue Beziehung, auf die man sich freut, keine ersten Küsse? Vielleicht bedeutet es, dass ich von nun an verantwortlich bin für die Weisheit meiner jüngeren Schwester, Töchter, Nichten und Patenkinder?

Die nächste Frage, die ich mir gestellt habe, war, wann man denn eigentlich eine reife Frau ist? Sind wir im Alter von dreißig reif? Wie sieht es mit vierzig aus? Wie oft hören wir heute, dass vierzig ein heißes und sexy Alter ist? »Wow, sie ist vierzig und schaut euch an, wie toll sie aussieht!« Und dann gibt es die Fünfziger. Ja, fünfzig! »Wussten Sie, dass sie schon fünfzig ist? Und sie sieht immer noch wunderschön aus!« Was ist mit den Stimmen, die leise, ja fast schon einem Todeshauch gleich zu flüstern scheinen: »Wussten Sie, dass sie sechzig ist?« Als ob Frauen heute mit sechzig Jahren nicht das Recht hätten, gut auszusehen, geschweige denn, ein gutes Gefühl dabei zu haben. Wenn ihr heute eine amerikanische Zeitschrift zur Hand nehmt, könnt ihr lesen, dass Fünfzig das neue Vierzig ist. Bedeutet das automatisch auch, dass Sechzig das neue Fünfzig ist? Na, dann bin ich auf das neue Vierzig gespannt. Und wie fühlt sich das neue Fünfzig wohl an? Es gibt sehr viele Zeitschriften und Artikel über die reife Frau, wie wir uns kleiden, wie wir unsere Haare tragen, ja sogar, wie sich jüngere Männer bei einem Rendezvous mit einer reifen Frau verhalten sollten! Und dann die Regeln? Regeln, die reifen Frauen weismachen wollen, dass sie keinen roten Lippenstift mehr anlegen sollen. Auf keinen Fall Röcke tragen, die über dem Knie enden. Oder dass eine reife Frau in einer Diskothek nichts verloren hat. Und so weiter und so fort. Wer hat diese Regeln aufgestellt?

In meiner Jugend gab es diese fabelhaften TV-Werbespots über »Dove«-Produkte. Beim Betrachten dieser Spots konnte ich es kaum erwarten, endlich fünfzig zu werden. Daher traf ich eine reiflich überlegte Entscheidung: Ich wollte in Würde alt werden. Das war quasi mein Credo, ich erzählte es allen um mich herum, meinen Freunden, den Frauen bei der Arbeit, in der Schule. Ständig mussten sich alle anhören: »Ich werde in Würde alt werden!«, weil die Frauen in diesen Werbespots für mich so schön waren. Sie waren atemberaubend, denn zu dieser Zeit war die Bildbearbeitung mit Photoshop noch nicht erfunden. Also hatten die Medien keine andere Wahl. Sie mussten sich beim Casting nach schönen reifen Frauen umschauen. Die Frauen, die sie auswählten, sahen immer so glücklich und zufrieden mit ihrem Leben aus. Als junge Frau glaubte ich aus ganzem Herzen, dass sie gekommen waren, um die Welt zu erobern. Ihre Arbeitsplätze, ihre Familien. Ja, sie wollten die vollständige Kontrolle über ihr Leben haben. Für mich waren sie erstaunlich. Ich sehnte mich danach, so zu werden und zu erfahren, was diese Frauen schon alles erlebt hatten. Weder konnte noch wollte ich warten, um endlich eine reife Frau zu werden.

Es gibt einen Blues, dessen Text lautet: »*I am a woman, W.O.M.A.N*«. Ich habe das Lied auf der Straße in München gesungen, als ich dreißig wurde, voller Stolz und Neugierde, was als Nächstes in meinem Leben kommen würde, welche Geheimnisse Mama Universum für meine Zukunft in ihrem Busen bereithielt. Oh ja, dreißig. Ich war eine Frau, eine W. O. M. A. N. Ich war stark. »Hier kommt Liz, hier bin ich! Hört mir verdammt noch mal zu!« Ich war mir sicher, dass ich alles über das Leben wusste. Bis ich dann eines Tages ein Fernsehinterview mit Cybill Shepherd, einer meiner Lieblingsschauspielerinnen, sah. Ich liebte all ihre Werke. Cybill konnte nur noch von Bea Arthur übertroffen werden, die sowohl die Hauptrolle in der TV-Serie »Maud« als auch die Rolle der Dorothy in »Golden Girls« gespielt hatte. Cybill Shepherd sprach immer offen über die Sexualität von Frauen in Verbindung mit den Irrungen und Wirrungen, die Frauen durchleben. Eine meiner Lieblingsserien handelte von Wechseljahren, nächtlichen Schweißausbrüchen, »Gas-Angriffen« und Hormonveränderungen, die nicht nur sie in den Wahnsinn trieben, sondern auch ihre beste Freundin. Sie sprach also vor einem Live-TV-Publikum darüber, wie es ist, fünfzig zu werden. Sie war ehrlich, das Publikum war voller Frauen, sie saß da, glühend, strahlend mit ihrer Weisheit und ihr Mann war mit ihr ins Studio gekommen. Sie erzählte von Mitgefühl und wo sie in ihrem Leben stand, in ihrer Beziehung und ihrer Arbeit. Dann aber sagte sie etwas, das mich vollkommen vom Hocker warf: »Frauen im Alter von fünfzig haben die besten Orgasmen!« Und in diesem Moment saß ich da, die Kinnlade fiel mir nach unten und mit Entsetzen in den Augen sagte ich: »Gott, ich hasse dich!« Meinte sie tatsächlich, dass Frauen im Alter zwischen zwanzig und neunundvierzig etwas vermissen würden? Das sollte wohl ein Witz sein? Doch, ja, sie sagte es laut und deutlich: »Sex wird immer besser, nachdem eine Frau die Fünfzig überschreitet.« Ich dachte mir damals: »Toll! Jetzt soll ich warten, bis ich fünfzig bin, damit ich meinen ersten ›Ich sehe Sterne im Kopf leuchten, verdrehe die Augen und bekomme keine Luft mehr‹-Orgasmus erlebe?« Die Frauen im Publikum waren schockiert, einige applaudierten, andere schüttelten den Kopf, wieder andere lachten und jubelten, während ich mich fragte, wie viele Frauen im Alter zwischen fünfundzwanzig und neunundvierzig in jener Nacht nach Hause fuhren und ihre beste Freundin anriefen, um zu fragen: »Glaubst du, dass du deinen besten Orgasmus schon gehabt hast?« Und das nur, weil Cybill behauptet hatte, es würde nicht wirklich passieren, bevor man fünfzig wird!

Übrigens, als ich dieses Kapitel einer guten Freundin vorlas, die etwas über fünfundfünfzig Jahre alt ist, konnte sie das nur bestätigen. Nun, meine Damen, auf der positiven Seite können wir uns zumindest neben all den Hormonproblemen auf etwas freuen. Vielleicht wollte Cybill uns und dem Studio-Publikum an diesem Tag einfach beibringen, dass eine Frau mit fünfzig, die ein gewisses Selbstbewusstsein erlangt hat und deren Träume wahr geworden sind: die Kinder sind groß, gesund und verlassen langsam das Nest, ihr Ehemann oder Partner ist noch nicht mit einer jüngeren Frau davongelaufen, sie entdeckt ihre weiblichen Reize wieder, die durch den Alltag ein wenig in den Hintergrund geraten waren ... Dass diese Frau also jetzt endlich die Möglichkeit hat, zu experimentieren und den eigenen Körper zu entdecken. Zu erfahren, was sie wirklich glücklich macht. Wie auch immer, ich konnte es kaum erwarten, fünfzig zu werden! **Komm schon, Fünfzig! Zeig dich, Baby! Ich bin hier und warte auf dich!**

Ich weiß nicht warum, doch ich hatte in meinem Herzen schon immer einen besonderen Platz für reife Frauen. Ihr habt ja bereits darüber gelesen, wie sehr ich meine Schwiegermami liebe und sie für ihre Weisheit respektiere. Schon als junge Frau realisierte ich, dass ich auf meinem Lebensweg die besten Ratschläge immer von einer reifen Seele bekommen habe, einer reifen weiblichen Seele. Ich spürte vermutlich instinktiv die Kraft und Energie, mit der diese Frauen hier auf Erden gesegnet sind. Manche waren Mütter, manche Geschäftsfrauen, manche vereinten beides in einer Person. All diesen Frauen war jedoch die Tatsache gemeinsam, dass sie ihre eigenen Irrungen und Wirrungen erlebt hatten. Die Erholung vom Liebeskummer einer zerbrochenen Ehe, verlorene Geschäftsabschlüsse oder

noch viel Schlimmeres wie ein verlorenes Kind. Ich stellte ihnen Fragen. Fragen über Fehler, die diese Frauen begangen hatten. Und aus den Antworten lernte ich schon als junge Frau
sehr viel darüber, wie man es schafft, sich immer wieder aufzu-
rappeln und noch einmal von ganz vorn zu beginnen. Es war
wie ein Studium in weiblichen Weisheitswissenschaften, das
ich bereits in sehr jungen Jahren absolvierte.

Als ich einmal auf einem Kongress für Frauen einer berühmten Rednerin zuhörte, wie sie über ihr Leben und das, was sie
durchgemacht hatte, erzählte, fragte ich mich, wo sie wohl ihre
Lebensweisheiten erlangt hatte, zumal sie noch relativ jung
war. Die üblichen Fragen der Frauen aus dem Publikum im An-
schluss an ihre Grundsatzrede drehten sich hauptsächlich darum, wo sie ihre tollen Kleider kaufte, die Haare oder das Make-
up machen ließ und solche Dinge. Auch wann und wo ihr
nächster Vortrag stattfinden würde, beschäftigte die Frauen.
Vermutlich war ich nicht die Einzige im Saal, die von dieser in-
teressanten Rednerin viel wichtigere Dinge wissen wollte. So
fragte ich sie, welches ihr größter Fehler gewesen sei, den sie
jemals gemacht habe. Wie sie da wieder herausgekommen sei
und was wir Frauen daraus als Lektion mitnehmen könnten.
Daraufhin wurde es sehr still im Saal. Man hätte eine Steckna-
del fallen hören können. Ich vermute, dass viele auch neugierig
waren, dieses Geheimnis zu erfahren. Vielleicht waren ein paar
von ihnen auch geschockt über die offene Frage. Doch es war
überhaupt nicht meine Absicht, sie bloßzustellen, sondern im
Gegenteil von ihrer Weisheit und den Erfahrungen als Frau im
Rampenlicht zu profitieren, daran zu wachsen. Sie war jung,
höchstens fünfunddreißig, und so überraschte es mich nicht,
dass sie antwortete:»Ich denke, jede Frau muss ihre eigenen
Fehler machen. Nächste Frage!« Eine reife Frau, vorausgesetzt,
sie hätte sich in diesem Moment wohlgefühlt, hätte uns wahrscheinlich bereitwillig von ihren Erfahrungen erzählt. Sie hätte
den Fehler erläutert, vielleicht auch über sich selbst gelacht
und versucht, uns daran zu hindern, diesen Fehler ebenfalls zu

begehen. Nicht aus Verlegenheit heraus, sondern weil reife Frauen das Wissen besitzen, die Kraft haben, darüber zu reden. Sie wissen, wie es ist, sich die Hände schmutzig zu machen, anzupacken und wieder auf die Beine zu kommen.

Minirock und heiße Hacken

Müsste ich mich beschreiben, würde ich mich als einen Menschenbeobachter bezeichnen. Manchmal gehe ich in den nahegelegenen Park, direkt bei mir um die Ecke, setze mich auf eine der vielen bequemen Bänke und beobachte einfach nur Passanten. Es gibt nichts Interessanteres als das Studium des menschlichen Körpers. Körpersprache, Mimik, Gesten. Dabei versuche ich herauszufinden, in welcher Stimmung die Menschen sich gerade befinden, wobei ich oft an die amerikanische Redewendung denken muss: »Einen Penny für deine Gedanken!« Manchmal würde ich gerne zu einer der anderen Frauen hinübergehen, speziell wenn sie über fünfzig sind und ebenfalls diese jungen Frauen beobachten, die in High Heels und Minirock vorbeistöckeln. Dann würde ich bereitwillig einen oder auch mehrere Pennies für ihre Gedanken hergeben. Vor allem an bitterkalten, verschneiten Wintertagen. Dann laufen die jungen modebewussten Frauen von heute auf ihrem Weg zur Arbeit in ihren schwarzen Strumpfhosen und den unglaublich hohen Stiefeln, wie sie heutzutage Mode sind und die auf jeden Fall von einem Mann entworfen sein müssen, an uns vorbei. Also kommt schon! Wenn ich an einem Schuhgeschäft vorbeigehe und solche Schuhe mit zehn Zentimeter hohen Absätzen entdecke, kann ich sie kaum gebührend bewundern, weil meine eigenen Füße in der Vorahnung auf die zu erwartenden Schmerzen ein Eigenleben entwickeln und mich wegziehen. »Lauf einfach weiter, Baby! Denk erst gar nicht daran, mich in eines von diesen Dingern da hineinstecken zu wollen«, scheinen sie zu rufen. Dann lächle ich in mich hinein, schüttle den Kopf und erinnere mich wieder an die ebenfalls so bitterkalten Tage in meiner Heimat Colorado.

Meine Winterstiefel waren weder so hoch noch hatten sie damals solche Absätze, aber unsere Röcke wollten wir auch so kurz wie möglich tragen. Meine Mutter schrie mich dann jedes Mal an: »Du wirst wieder krank werden!« Letztens hörte ich in der U-Bahn, wie eine Mutter entrüstet auf ihre Tochter einredete, die in kurzem Minirock, viel zu kurzer Winterjacke, schwarzen Leggins und Stiefeln mit hohen Absätzen neben ihr saß: »Du wirst dir eine Grippe einfangen, da unten!« Ich würde reife Frauen in meinem Alter gerne fragen, was ihnen durch den Kopf geht, wenn sie ihre Töchter, Nichten, Enkelinnen, ja auch die Kolleginnen in solchen Miniröcken und hochhackigen Stiefeln sehen? Ich selbst muss mich nämlich dann immer daran erinnern, dass ich damals auch ein leidenschaftliches Mitglied im Minirockträgerinnenclub war. Es war eine tolle Zeit und ich habe jede Minute davon genossen. Eines Tages jedoch, als ich wieder einmal eine junge Frau betrachtete, welche die Straße mit Minirock und all den anderen Sachen entlangstolzierte, bemerkte ich plötzlich: Ich war eine reife Frau geworden! Mir wurde augenblicklich bewusst, dass es an dieser Frage lag, diesem Gedanken, der irgendwann in unser Bewusstsein dringt und der uns mit messerscharfer Deutlichkeit vor Augen führt, dass die Mini-Phase unwiderruflich vorbei ist. Die »Reife-Frauen-Frage« nämlich, die uns als junge Mädchen nie in den Sinn gekommen wäre: »Sag mal, Mädchen, frierst du dir eigentlich gerade nicht deinen Hintern ab? Bist du vollkommen verrückt? Weiß deine Mutter, dass du so rumläufst, bei so einer Kälte?«

Ich schüttelte den Kopf und musste mir lächelnd eingestehen, dass ich es nun endlich geschafft hatte, ein vollständiges Mitglied im »Club der reifen Frauen« geworden zu sein. »Komm rein, setz dich, mach es dir gemütlich!«, riefen sie. Zugegeben, ich schmunzle noch immer darüber, wenn ich in der U-Bahn eine junge Frau sehe, die aufsteht und in dem üblichen Gedränge beinahe über eine ältere Frau stolpert. Die Gedanken der Älteren kann man beinahe von ihrem Gesicht ablesen. Oh mein Gott, mit welchen Augen sie dieses Mädchen betrachtet. Es tut mir ja wirklich leid, aber ich muss dann immer schmunzeln. Haben wir denn wirklich vergessen, dass wir auch einmal jung waren und zeigen wollten, was uns Mama Universum an Talenten mit auf den Weg gegeben hat? Heute denke ich anders darüber, wenn ich die Straße entlanggehe und eine junge Frau mit Mini und Stiefeln vorbeistolziert und ihre schönen langen Beine zeigt. Ich lächele und sage mir:»Genieße deinen Weg, Süße, denn eines Tages wirst du auch ein Mitglied unseres Clubs werden.«

Es ist eine Tatsache, dass alle Veränderungen an unserem Körper ihren Anfang nehmen. Unser Körper beginnt sich mit der Reife zu verändern. Man könnte es am besten mit Käse vergleichen. Dann bekommt»Gas geben« eine völlig neue Bedeutung. Ich weiß ja nicht, wie es euch geht, aber an einem guten Tag könnte ich ein ganzes Lied davon – ja, was? Singen ist es ja nicht unbedingt. Mitten in der Nacht müssen wir aufstehen, um zu pinkeln. Unsere Oberschenkel breiten sich auf das Doppelte ihrer Größe aus, wenn wir uns hinsetzen. Die Brüste – meine Güte – unsere Brüste beginnen nach unten zu sacken. Wie kommt es, dass meine Mutter mir nie gesagt hat, dass das alles mit meinem Körper passieren würde? Und Gott stehe uns bei, wenn wir dann unser erstes graues Haar entdecken! Ich kann euch sagen, ich habe in solchen Momenten sehr oft über die Stornierung meiner Mitgliedschaft im Club der reifen Frauen nachgedacht!

Doch dann erinnere ich mich wieder daran, dass ich es ja war, die in Würde alt werden wollte. Denn ich würde jederzeit einen Tag in Kauf nehmen, an dem ich mich wie das»Blähmate des Monats« fühle, wenn ich dafür einen ordentlichen Kessel voller Weisheit bekommen könnte. Wie kommt es aber, dass mich niemand darüber informiert hatte, dass ich eines Tages nicht mehr in der Lage sein würde, die kleine Schrift auf einer Visitenkarte zu entziffern? Warum hat mir niemand erzählt, dass ich Hilfe benötigen würde, um ein Glas Salsa zu öffnen? Und was ist mit Einkaufen? Jemand hat vergessen mir zu sagen, dass ich eines Tages Unterstützung beim Nach-Hause-Tragen meiner Einkäufe brauchen würde, einschließlich der Getränke! Normalerweise sollte ich jetzt meinen eigenen Tipp beherzigen, den ich mir während meiner Diäten oft einredete: Du kannst nur so viel essen, wie du tragen kannst. Darüber hat sogar schon jemand ein Buch geschrieben. Gott sei Dank traf ich an diesem Tag einen der Nachbarjungen, der mir zur Hand ging. Lächelnd gestand ich mir ein, dass ich mir meine Mitgliedschaft im Club wahrlich verdient hatte. Ich blieb meinem Motto treu: Ich wollte in Würde alt werden.

Ahhh, Ladys, Weisheit zu besitzen ist doch eine wundervolle Sache, nicht wahr? Es ist wie ein sicherer Ort, wo es warm und gemütlich ist, der uns ganz alleine gehört. Es ist diese Weisheit, die uns davor bewahrt, einen Fehler zu wiederholen. Es ist so beruhigend zu erkennen, dass diese Weisheit so tief in unserer Seele verwurzelt ist, dass, egal was passiert, kein anderer Mensch dazu in der Lage sein wird, auch nur einen winzigen Teil davon zu entfernen. Für mich persönlich ist sie einfach da, wie eine schöne Kommode in meinem Körper. Bei Bedarf kann ich eine Schublade öffnen und je nach Situation den Inhalt verwenden. Fast wie beim Abrufen einer Datei auf meinem Computer. Meine jüngeren Schwestern, die ihr dieses Kapitel gerade lest: Ich hoffe, ich kann euch damit inspirieren. **Wenn ihr die Gelegenheit bekommt, mit einer oder mehreren reifen Frauen zu arbeiten, so nutzt die Gelegenheit, um von diesen besonderen und wunderbaren Seelen zu lernen.**

Während meiner Vorträge versuche ich immer, junge Frauen dazu zu bewegen, sich mindestens ein bis zwei ältere Frauen als Mentorinnen zu nehmen. Ich sage ihnen: »Sucht euch eine für das Business und eine für die Seele.« Dann höre ich manchmal Kommentare wie: »Ja, aber die älteren Frauen sind oft so mürrisch oder wirken unglücklich oder sie sind nicht offen für ein Gespräch. Manchmal trauen wir uns schon gar nicht, mit ihnen in Kontakt zu treten, weil wir Angst haben, man würde uns den Kopf abbeißen.« Trotzdem werden diese Frauen oft schon bald die Firma verlassen und in Rente gehen. Habt ihr euch einmal überlegt, wie oft diese erfahrenen Spitzenkräfte ihren Chefs schon den Hintern gerettet haben? Wenn sie zum Beispiel als Chefassistentinnen für Manager eines globalen Unternehmens arbeiten. Ihr wisst schon: Hinter jedem erfolgreichen Chef ... Habt ihr jemals in Betracht gezogen, dass es diese Frauen sind, die die wichtigen Briefe schreiben, Tochterunternehmen verwalten, mit ihren Ideen und ihrer Kreativität viele Dinge im Hintergrund organisieren und jeden einzelnen Tag hochkonzentriert ihre Arbeit tun? Natürlich sehen einige von ihnen traurig aus, vielleicht haben sie sogar Traurigkeit in ihren Augen, weil sie eigentlich nicht viel Macht besitzen. Die wenigsten von ihnen haben einen Doktorgrad erlangt, aber ich weiß, dass die meisten einen Doktor in Weisheit verdient hätten! Stellt euch vor, dass einige von ihnen seit mehr als zwanzig Jahren, wenn nicht länger in derselben Firma arbeiten. Was sie alles erlebt und durchlebt haben, wie oft sie in der Nacht nach Hause kamen und Tränen der Enttäuschung vergossen haben. Aber dann rafften sie sich auf, rissen sich zusammen, trugen den Lippenstift auf und begannen wieder von vorne. Für mehr als zwanzig Jahre! Wie viele Telefonkonferenzen, Meetings, Diktate, Kongresse haben sie in dieser langen Zeit durchlebt? Natürlich sind sie manchmal traurig, weil sie vielleicht niemand nach ihren Lebenserfahrungen gefragt hat oder auch nur ahnt, dass sie oft den Schlüssel zum Erfolg in ihren Händen halten. Ich bitte euch, nehmt diese Frauen beiseite, ladet sie zum Kaffee ein. Bittet sie, dass ihr Du zu ihnen sagen dürft und sie zu euch (ihr erinnert euch?). Denn das sind genau die Frauen, die wir so dringend brauchen, damit sie ihr Wissen, ihre Informationen und ihre Erfahrungen mit uns teilen können. Bevor sie die Firma verlassen. Bevor sie in Ruhestand gehen. Bevor wir etwas von diesem großartigen Wissen verlieren.

Hört auf die kleine Stimme in euch, das Flüstern, und ihr werdet wissen, welche die Richtige für euch ist. Als ich meine

Mentorin für die geschäftlichen Dinge zum ersten Mal traf, wusste ich es sofort. Wir hatten ein Treffen bezüglich meiner Arbeit mit Soulfood, doch ich wusste in meinem Herzen, dass dieses Wissen, ihr Wissen, es mir ermöglichen würde, zu wachsen. Also habe ich sie angerufen und sagte ihr die Wahrheit. Ich wusste, dass sie sehr beschäftigt und viel auf Reisen war. Aber ich wusste eben auch, dass meine Seele sie als meine Mentorin haben wollte. Das habe ich ihr erzählt. Wir sehen uns gegenseitig nicht so oft, wie ich es gerne hätte, aber wenn wir uns treffen, sind diese Begegnungen voller Energie, intensiver Ideen und Kreativität. Ich bat sie um den Gefallen, ganz gleich, was es auch sein würde oder wie töricht oder stur ich sein mochte, mir immer die Wahrheit mit Liebe zu sagen. Hier kommt also noch einmal mein Aufruf an alle jungen Frauen: Habt keine Angst davor, den ersten Schritt zu tun. Vor allem lasst diese Frauen nicht einfach gehen! Selbst wenn ihr studiert habt, einen Bachelor, Master oder Doktortitel habt. Denkt immer daran, dass diese Frauen oft einen viel wichtigeren Doktortitel besitzen, den der Weisheit. Ich sage euch noch eine Wahrheit mit Liebe. Meine Erfahrung in meinem bisherigen Leben war, dass ich das beste Wissen auf meinem Lebensweg schon immer von einer reifen Frau oder einem reifen Mann über fünfzig bekommen habe. Das erinnert mich an eine Umfrage bei Kindern, die ich vor einiger Zeit gelesen habe. Auf die Frage, wohin sie gehen, wenn sie traurig sind, antworteten die Kinder: »Auf Omas oder Opas Schoß.« Wen habt ihr gefragt, als ihr jung und auf der Suche nach Antworten und Weisheit wart?

Ich möchte dieses Kapitel mit drei Interviews beenden, von denen ich hoffe, sie mögen euch gefallen und inspirieren. Die Damen sind heute zusammen zweihundertneunundsiebzig Jahre alt! Mein Lieblingszitat aus diesen Interviews lautet:

»Wenn du einmal wirklich Hilfe benötigst, frag einfach eine Frau!«

Interviews: Reif und heiß

Johanna

Johanna ist eine reife Frau, dreiundachtzig Jahre alt, und war verheiratet. Sie hat drei Kinder, ist bald vierzig Jahre lang Witwe und gelernte medizinisch-technische Assistentin. Sie war anfangs in einem Röntgeninstitut beschäftigt und später, nach dem Tod ihres Mannes, für die Expansion von »Essen auf Rädern« in München verantwortlich.

Wie fühlst du dich heute mit über achtzig Jahren?

Ich fühle mich wie früher, nur kann ich nicht mehr so viel machen. Zudem wird man als reife Frau oft wie ein Dementer behandelt. Ich habe mir vor zehn Jahren einen ziemlich teuren Apple-Laptop zugelegt und wenn ich heute in einen Laden gehe, um irgendwelche technischen Dinge zu kaufen, stehen die Verkäufer oft erstaunt vor mir. »Ein *digitales Telefon*?????«

Ein bekannter Professor erzählte mir, dass seine Mama mit neunzig lernen wollte, wie man einen Computer bedient. Sechs Monate später bekommt er eine Mail von ihr: »Warum hab ich eigentlich kein DSL? Und wo ist mein Farbdrucker?«

Genau! Übrigens: Wenn ihr über sechzig seid, ist die Frauencomputerschule das Beste!

Wie stehst du bei reifen Frauen zu Botox?

Die Frauen in meinem Alter tragen oft zu viel Schmuck, zu viel blond, zu viel Make-up. Ich möchte sie ja gar nicht verurteilen, frage mich jedoch, warum sie das tun. Ist es Unzufriedenheit? Eine Dame in meinem Freundeskreis hatte wohl einmal Botox benutzt. Ich fragte sie, weil ich mir Sorgen um sie machte, denn sie sah aus wie angeschwollen. Nach einigen Wochen habe ich sie wiedergetroffen und ich fand, dass sie gealtert war. Wenn ich jung und krank wäre, z.B. etwas mit meinen Brüsten wäre, würde ich mir das überlegen, aber niemals in meinem Alter. Selbst als junge Frauen hätten wir uns, wahrscheinlich weil es noch nicht so verbreitet war, eher etwas in den BH genäht.

Sind denn reife Frauen nicht mehr schön, nicht mehr sexy?

Eine Schauspielerin hat einmal gesagt: »Ich bin jetzt alt; ich brauche jetzt nicht mehr schön zu sein.« Ich finde Schminken o.k., wenn es dezent ist. Falten gehören dazu und pflegen sollte man sich auch. Aber hochhackige Schuhe und Mini muss nicht mehr sein. Als ich fünfzig war, hat meine Friseurin ein graues Haar entdeckt und wollte es abschneiden. Ich rief: »Nein, endlich hab ich ein graues Haar, jetzt werde ich für voll genommen!«

Wann fängt eine reife Frau an, ihre Weisheit zu schätzen?

Weisheit ist ein starkes Wort. Man wird wohl merken, dass man sich zunehmend mit sich befassen kann. Ich bin jemand, der eher bemerkt hat, wie sich mein Selbstbewusstsein entwickelt hat. Aber ich denke, so ungefähr mit über fünfzig.

Welche Wünsche hast du für arbeitende Frauen der Zukunft?

Mehr Frauen in gehobene Stellen. Sie sollen aber nicht wie ein Mann handeln, sondern wie eine Frau. Hausfrauen mit Kindern sind ideale Arbeitskräfte; sie finden oft eine Lösung, sind flexibel und haben Erfahrung im Umgang mit Ausnahmesituationen in allen Bereichen. Unseren Enkeln wünsche ich eine Welt mit weniger Stress, kein Ausgenütztwerden, Burnout, Überlastung. Arbeit soll nicht Spaß, sondern Freude machen. Ein wenig Begeisterung für die Arbeit, Zufriedenheit und eine Arbeit, die man auch noch bewältigen kann. Und Lob sollen sie bekommen für ihre Leistung.

Kann man sich als reife Frau noch einmal verlieben?

Liebe ist Arbeit, nichts flatterhaftes Rosarotes. Man kann ein Bild, Musik lieben. Liebe ist immer, was einem etwas gibt. Sobald es sich auf Menschen bezieht, bleibt sie ja nicht. Man muss die Gefühle im Laufe der Zeit umschichten auf Sympathie, Geduld, Zuneigung. Dann muss man daran arbeiten. Auch bei Kindern, Eltern. Sich ärgern gehört auch dazu, deshalb liebt man sich ja nicht gleich weniger.

Wie gehst du mit deinen Schwiegersöhnen und Töchtern um? Hat man da bestimmte Vorstellungen?

Man darf sich nie vorstellen, wie die Frau für meinen Sohn sein soll. Das geht doch gar nicht. So ein Blödsinn. Wünsche hat man sicherlich. Vielleicht verlässlich, keine Drogen, dass er oder sie einen Streit aushält.

Wie steht es mit der Wahrheit?

Die Wahrheit sollte man nicht sagen, wenn es den anderen verletzt. Manchmal hilft abwarten und dann kann man es ja schonend versuchen. Wichtig ist Achtsamkeit im Umgang.

Interview mit Lalu

Lalu ist sechsundneunzig und wirkt auf mich so unglaublich frisch und fit wie eine Mittsiebzigerin. Sie steht von ihrem Sofa schneller auf als ich und ihre Stimme ist so intensiv wie meine.

Wo haben Sie diese tolle Stimme her?

Nun, ich war als Mädchen sehr begabt und konnte sehr hoch singen. Einmal habe ich als Koloratursopranistin vorgesungen. Heute ist das alles weg, ich komme nicht mehr so hoch hinauf, weiß auch nicht warum.

Was hätten Sie anders gemacht im Leben?

Nichts, denn es hing ja von meinen Eltern ab. Ich war in der Schule unglücklich, weil mich einige auch gehänselt haben wegen meiner südamerikanischen Herkunft. Außerdem war ich in Mathe nicht so gut. Dann kam ich zum Arbeitsdienst und entdeckte den Sport für mich. In Leichtathletik war ich super, da konnte ich mich beweisen und machte mein Abitur mit einer eins. Da kein Geld da war, durfte ich nicht Medizin studieren, sondern nur eine Lehre als Physiotherapeutin machen. Es gab ja kein Bafög, nichts.

Frauen und Beruf?

Nur Kinder und kein Beruf, das geht heute doch nicht mehr. Weil die Kinder auch schnell frei sein wollen und nicht mehr so lange betreut werden. Mit zwölf erwachen die schon, dann interessieren sie sich für Sport oder gar schon für Berufe, nicht mehr nur für das Elternhaus. Ob das gut ist, ist eine andere Frage. Ich war nur Schülerin und hatte eine schöne, gemütliche Jugend. Außerdem fangen sie viel zu früh mit dem Sex an, ab vierzehn sind die meisten nicht mehr zu halten. Das ist zu früh. Die seelische Reife fehlt, das ist doch kein warmherziges, liebevolles Miteinander. Sex ist dann so normal wie essen und trinken und dann ist Schluss. Daher sind sie im Grunde noch unreif. Dann mit neunzehn ist alles schon langweilig, es gibt nichts mehr zu entdecken und sie stürzen sich in den Beruf.

Wann hat man denn in der Liebe am meisten Spaß?

Als mein Mann schon gestorben war, hatte ich eine sehr erotische, intensive, tiefe Beziehung. Davon habe ich immer noch eine Kiste mit Luftpostbriefen. Über zwanzig Jahre hinweg hat er mir geschrieben. Die müsste man veröffentlichen, das gäbe einen tollen Roman. Er lebte im Ausland und war viel in der Welt unterwegs.

Wenn eine Frau sechzig ist, ist sie dann nicht mehr attraktiv, ist das Leben vorbei?

Das ist doch nicht wahr! Ich habe eine Nichte mit über sechzig. Sie sieht fabelhaft aus, hat drei große Söhne und ist Medizinerin. Im Gegenteil, das Leben wird euphorisch. Die hat jetzt die Möglichkeit, souverän zu leben. Die Frauen sind doch dumm, wenn sie sich selbst im Wege stehen.

Was ist das Schlimmste, das Ihnen im Leben widerfahren ist?
Dass ich krankheitsbedingt keinen Menschen zustandegebracht habe, darunter habe ich sehr gelitten. Doch mein Mann hatte eine uneheliche Tochter. Sie ist jetzt sechzig und ich liebe sie.

Wann sollte eine Frau aufhören zu arbeiten?
Es gibt da keine Begrenzung. Wenn man Freude an der Arbeit hat, macht man das doch, so lange es geht. Ich war siebenundsiebzig, habe dann zwar nicht mehr so viele Patienten gehabt, aber immer noch Kollegen unterrichtet. Dann riet mir ein Arzt zum Aufhören, well ich bei der Arbeit immer Kreislaufprobleme und Schweißausbrüche bekam.

Wie sind Sie so fit geblieben?
Yoga und Atemtechnik, das mache ich bis heute. Atmung und Yoga. Positiv bleiben. Viel und gerne lachen. Ich war schon als Kind in Südamerika Lalu, die Blonde, die immer lacht.

Haben Sie einen Wunsch für uns Frauen?
Ruhe. Kinder so früh in die Selbständigkeit zu entlassen, ist oft schwierig. Sie haben keine Erfahrung, werden aber von Eltern, Mode und Zeitgeist getrieben, ohne zu wissen, wohin. Wenn ich nur an »Superstar« denke. Heute zur Ruhe zu kommen ist für den einzelnen Menschen ein Kunststück. All diese Unruhe, Hektik, die Anforderungen, man muss belesen sein, die Schnelllebigkeit. Am Schluss kommt man nicht mehr zu sich selbst.

Interview mit Milly

Milly ist einhundert Jahre alt. Sie kann mit ein wenig Unterstützung noch alleine gehen und ist ein richtiger Nachtvogel. Sie war eigentlich erst gegen Ende des Interviews richtig munter. Um 22:00 Uhr beriet sie sich mit ihrer Enkelin, die sie betreut, in welches ihrer Lieblingsrestaurants sie anschließend gehen sollten.

Wie findet man den richtigen Mann?

Man kann das nicht planen, es kommt, wie es kommt. Wenn man Pech hat, kommt gar keiner. Erzwingen kann man es schon gar nicht.

Haben Sie damals gearbeitet?

Mein Vater hatte ein Großhandelsgeschäft in Stuttgart gegründet, wo ich schon vor dem Krieg immer gearbeitet habe. Als er gestorben war, hab ich das Geschäft übernommen und später von München aus noch zehn Jahre weitergeführt. Irgendwann habe ich es verkauft. Wegen der vielen Fahrerei. Dann habe ich als Avon-Beraterin angefangen und bin heute die dienstälteste Beraterin.

Sie arbeiten noch???

Ja, aber nur ganz wenig.

Wie wird man einhundert?

Nicht alles immer so ernst nehmen. Kein Wasser, mehr Sekt. Früher habe ich auch geraucht. Und einfach das Leben genießen. Wenn sich etwas ergibt, ist es eben so, man kann nicht alles planen. Verschiebt nichts auf später. Haltet den Geist wach mit Zeitung. Seid neugierig. Eine Freundin hat mich bei meinem neunzigsten Geburtstag gefragt, was die Enkelin denn da unter dem Tisch die ganze Zeit macht. Ich sagte: »Die schreibt eine SMS, ist doch klar. Wenn ich das noch lesen könnte, würde ich es auch tun.«

My Grandma's Corn Bread Recipe

Ans Ende dieses Kapitels passt ein Rezept meiner Oma. Für Omas Alabama-Maisbrot mit Grieben solltet ihr folgende Zutaten bereitstellen:

- 500 g Weizenmehl und 500 g Maismehl oder Polenta
- zwei Eier (ihr müsst sie schaumig schlagen!)
- zwei gestrichene EL Backpulver
- 3 bis 4 gestrichene EL weißer Zucker, je nachdem, wie süß ihr es mögt (es kann auch brauner Zucker sein und dann nehme ich vier, denn dann brauche ich kein schlechtes Gewissen zu haben, weil der viel gesünder ist, oder?)
- ein gestrichener TL Salz
- 250 g flüssige warme Butter (sie muss warm und flüssig sein wie der Mississippi am Delta)
- 125 ml süße Sahne (die braucht ihr nicht zu schlagen)
- 175 ml Buttermilch

So hat meine Oma das immer gemacht: Ihr heizt den Ofen auf 220 °C vor. Zuerst mischt ihr das trockene Zeug zusammen (Mehl, Salz, Zucker, Backpulver), und nehmt eure Lieblingsrührschüssel dafür her, mit der euch die besten Sachen gelingen. Schlagt die Eier in einer weiteren Schüssel schön schaumig, gebt die ungeschlagene Sahne und die Buttermilch dazu und rührt noch mal ein klein wenig um, nicht zu intensiv und nicht mehr als eine Minute. Jetzt rührt ihr die Eimasse langsam und mit all eurer Liebe unter die trockenen Zutaten. Wenn die Masse dick ist, und sie wird wirklich dick, hebt ihr mit noch mehr Liebe sehr langsam die geschmolzene Butter unter den Maisteig. Ich rühre alles von Hand mit einem Schneebesen, weil es einfach besser schmeckt und ihr ein Gefühl für die Masse bekommt.

Ein Cornbread sollte am besten in einem *Iron Skillet* gebacken werden, einer typischen gußeisernen Pfanne aus den Südstaaten. Meine hat einen Durchmesser von ca. 25 cm und ist 5 cm hoch. Ihr gebt die Masse in diese tolle Pfanne und dann ist sie dreiviertel gefüllt. Für Kinder ist es alternativ ein großer Spaß, die Masse in Muffinförmchen zu gießen, dann habt ihr lauter kleine leckere Maisbrotmuffins. Das könnt ihr auch mit dem restlichen Teig machen, falls nicht alles in eure Pfanne passt. Aber natürlich schmeckt das dann nicht so vorzüglich wie in meinem Lieblingsskillet.

Wenn ihr das Gefühl habt, dass der Teig etwas zu dick ist, gebt ein wenig Buttermilch dazu und rührt noch mal kurz um. Der Teig sollte in etwa die Konsistenz von frisch gestampftem, cremigem, fluffigem Kartoffelbrei haben.

Backt das Brot für ca. 25 bis 30 Minuten (die Muffins 20 bis 25), bis die Oberseite hellbraun ist. Eigentlich ist es eher ein gelbes Braun, aber ihr werdet definitiv riechen, wenn es zu dunkelbraun ist. Ihr könnt auch ein kleines Messer in die Mitte des Teiges stecken und prüfen, ob noch Teig daran haftet. Wenn ja, 3 bis 4 Minuten weiterbacken und erneut testen.

Das Maisbrot kann man mit vielen unterschiedlichen Dingen anrichten: Zum Beispiel könnt ihr erst einen Teil der Masse in die Pfanne geben, bis der Boden ca. 1 cm bedeckt ist. Danach gebt ihr wahlweise oder auch in dieser Reihenfolge Grieben, knusprig gebackene Frühstücksbaconstücke/Speckscheibenstücke, getrocknete Tomaten, Cheddarkäse, Jalapeños oder was auch immer auf die Masse. Danach gießt die andere Hälfte Teig in die Pfanne.

Wenn das Maisbrot fertig ist, holt es aus dem Ofen, stellt es auf eine feuerfeste Unterlage, riecht daran und sterbt ein erstes Mal! Dann nehmt einen riesigen EL Butter, eigentlich zwei und da bin ich noch nett mit euch, und gießt diese Butter wieder geschmolzen über das Brot. Dann schneidet das Brot in der Pfanne auf und sterbt ein zweites Mal! *Soulfood to die for!*

Ihr könnt auch Salat dazu essen, es wird die anderen Kalorien im Brot nicht stören. Wenn kein Speck oder andere herzhafte Dinge drin sind, schmeckt es auch prima zum Frühstück, warm mit Butter und Marmelade oder Honig! Auf jeden Fall muss man Maisbrot immer warm essen! Hört ihr, immer!

Und jetzt: Guten Appetit!

Soulfood

und der Weg zu Verzeihung
und Dankbarkeit

Der brennende Rock

Meine Mutter erzählte mir einmal, sie hätte nach meiner Geburt das Antlitz meiner Großmutter in meinem Gesicht entdeckt. Das ist absolut nichts Ungewöhnliches, allerdings hatte sie kein wirklich gutes Verhältnis zu ihrer Mutter. Es war die Art, wie sie es sagte, die mich hellhörig machte. Weiter erklärte sie mir, dass die Krankenschwestern auf der Entbindungsstation sie darüber informierten, dass mich ihre Muttermilch krank machen würde. Diese beiden Fakten zusammen öffneten mir die Augen dafür, dass wir keine wirklich großartigen Startbedingungen für eine Mutter-Tochter-Beziehung hatten!

Zurückblickend denke ich heute, dass es von diesem Moment der Geburt an schon stetig bergab ging mit unserer Beziehung. Wir lernten uns auch in den Jahren meiner Kindheit und Jugend nie richtig kennen. Ich weiß heute, dass meine Mutter ihre eigenen Dämonen zu bekämpfen hatte. Die ihrer Kindheit im Allgemeinen und die ganz speziell mit meiner Großmutter. Einmal hörte ich, wie sie einer Nachbarin erzählte, sie würde Mädchen verachten mit all ihren Schwierigkeiten, der Unzufriedenheit, ihrem Unglück. Sie hielt Mädchen eher für eine Plage. Doch weder konfrontierte ich sie jemals mit ihrer Einstellung zur Weiblichkeit noch hatte ich den Mut dazu, mich gegen diese Worte aufzulehnen, die mich so sehr verletzten. So hatte sie weder eine Ahnung von meinen wahren Träumen, welche tief in meiner Seele versteckt schlummerten, noch hörte sie mich nach der Verwirklichung derselben jemals singen oder hatte die Möglichkeit, mich auf der Bühne zu erleben. Ich hätte es mir so gewünscht, ihr zu zeigen, was in mir steckt und wo meine Talente sind.

Man konnte meine Mutter ein wenig mit Dr. Jekyll und Mr. Hyde vergleichen, denn sie war auf der einen Seite sehr wortgewandt und belesen, war intelligent und wusste mehr über Politik als so mancher Politiker. Sie war sogar zu Präsident Carters Amtseinsetzung eingeladen worden, weil sie sich so intensiv für dessen Wahlkampagne eingesetzt hatte. Von ihren politischen Ansichten war sie ausgesprochen überzeugt. Von ihr lernte ich die meisten Dinge über die Geschichte der Schwarzen und dass ich stolz darauf sein konnte, eine schwarze Frau zu sein. Sie kam aus dem Süden der USA, Alabama, und brachte ihre Südstaatenkultur mit nach Denver, sodass mein Bruder und ich dazu erzogen wurden, ihr mit »*Yes, ma'am*« zu antworten. Hätten wir damals nur »Ja-ha!« gesagt, wenn sie unsere Namen rief, hätten wir mächtig Probleme bekommen. Sie hatte so viele Regeln: wie man richtig sauber machte, korrektes Englisch sprach oder wie man sie zu respektieren hatte. Manchmal fühlte ich mich wie in einem Käfig, aus dem ich unbedingt ausbrechen wollte.

Wann immer ich andere Erwachsene darüber reden höre, wie es wäre, noch einmal die Zeit zurückzudrehen und wieder Kind zu sein, höre ich einen stillen, verzweifelten Schrei in mir. Es scheint, als ob meine Seele ruft: »Niemals, niemals werde ich je zurückkehren, niemals! Weder zurück in diese Zeit noch an diesen Ort.« Denn verwandelte sich meine Mutter in Mr. Hyde, kam mit ihm der Zorn in ihrer Seele an die Oberfläche und überflutete ihr gesamtes Wesen. Vermutlich waren es die Erinnerungen daran, dass sie selbst misshandelt wurde, oder vielleicht auch an ihre Kindheit mit meiner Großmutter, die ebenfalls ihre eigenen Dämonen zu besiegen hatte.

Als kleines Mädchen bedeutete dies für mich, dass ich niemals wusste, ob Dr. Jekyll oder Mr. Hyde auf mich wartete, wenn ich von der Schule nach Hause kam. Hatte sie gute Laune, war es großartig mit ihr. Dennoch konnten ihre Gefühle jederzeit wieder Amok laufen, woraufhin jemand die Konsequenzen dafür zu tragen hatte. Hatte ich zum Beispiel mein Zimmer nicht aufgeräumt und Mr. Hyde erschien, so war dies sehr, sehr schmerzhaft in vielerlei Hinsicht. Als Kind von ungefähr fünf Jahren musste ich einmal alle Kleider und Spielsachen zusammenpacken und das Haus verlassen. Ich sehe mich noch heute draußen auf der Terrasse hinter unserem Haus mit all meinen

Sachen sitzen, wo ich mir die Augen ausheulte und sie schluchzend um Verzeihung anbettelte. Nach zwei Stunden des Weinens gab ich schließlich auf und wollte in meiner kindlichen Naivität tatsächlich von Denver den ganzen Weg zu Fuß hinunter nach Alabama zu meiner Großmutter laufen.

Ein anderes Mal, als ich von der Schule nach Hause kam und davor mein Zimmer nicht aufgeräumt hatte, fand ich die Reste meines Lieblingsrocks in einem alten Plastikwascheimer. Dieser graue Wollrock mit den rot-grünen und blau-gelben Nadelstreifen, den ich zusammen mit meinem roten Lieblingspullover, einer grünen Bluse und roten Strümpfen so gerne in die Schule angezogen hatte, war nur noch an der riesigen Sicherheitsnadel zu erkennen, die ich als Accessoire für meinen Rock gekauft hatte. Denn sie hatte ihn einfach verbrannt, um mir eine Lektion zu erteilen, wie man sein Zimmer richtig aufräumt. Ich war untröstlich. Gott, wie hatte ich diesen Rock geliebt.

Wenn sich der Zorn meiner Mutter in der Nacht entlud, war es am allerschlimmsten. Ihr Schlafzimmer war genau über meinem, also konnte ich Gott sei Dank immer deutlich hören, wenn sie aus ihrem Bett aufstand, zumal es extrem knarzte. Das Knarzen war mein Alarmsignal, woraufhin ich hellwach war und nicht eher wieder einschlafen konnte, bis ich ihr Bett erneut knarzen hörte. Seit diesen Tagen schlafe ich bei Licht, um auf einen eventuellen Angriff vorbereitet zu sein. Die Misshandlungen kamen in mannigfaltiger Form von Seilen über Gürtel und Zweige unseres alten Holzapfelbaumes im Garten bis hin zu Schuhen und sogar Töpfen, abhängig von der jeweiligen Art ihres Zornes. Sie war in dieser Hinsicht sehr kreativ.

Eine ihrer weiteren Regeln bestand darin, dass ich nach dem Essen die Küche aufzuräumen hatte. Dabei benutzte sie einen alten schwarz-weißen Küchenwecker, denn ich hatte genau zwanzig Minuten Zeit, die Küche auf Hochglanz zu bringen. Fand sie, warum auch immer, einen Topf oder einen Teller mit Flecken, so rief sie mich in die Küche, zeigte mir meinen Fehler und schlug mich auch gleich mit dem entsprechenden Gegenstand. War Mr. Hyde einmal nicht in der Stimmung für körperliche Misshandlungen, so schaltete er von physischer auf psychische Gewalt um.

Schritte des Verzeihens

Darüber könnte ich alleine schon ein ganzes Buch schreiben, wie es war, in diesem Haushalt aufzuwachsen mit meiner alleinerziehenden Mutter und meinen Geschwistern, doch lieber möchte ich, dass ihr mich auf meinem Weg begleitet, meiner Mutter zu verzeihen. Wo kommt dieses Wort Verzeihung eigentlich her und was bedeutet es genau? Bedeutet es nicht, dass wir verzeihen und wieder lieben sollten? Bedeutet es nicht, dass diese Person, diese Seele, dieses menschliche Wesen vielleicht mit ihren eigenen Dämonen kämpft und sie besiegen möchte und deshalb Verzeihung braucht? Wann ist der Punkt erreicht? Wie lange muss jemand leiden, bis sein Leiden ein Ende hat? Diese Frage habe ich mir wieder und wieder in meinem Leben gestellt.

Ich habe versucht herauszufinden, ob ich es gut sein lassen, vergeben und wieder lieben soll, es akzeptieren oder doch lieber aufgeben und den Schmerz hinnehmen. In einem alten Film der Sechzigerjahre über das Leben und den Kampf des ermordeten Bürgerrechtsaktivisten Medgar Evers sagt Whoopi Goldberg: »Wenn du nicht vergibst und weiterhin hasst, wirst du am Ende weiter selbst leiden, denn meistens hat die andere Person keinen Schimmer von den Schmerzen, die sie dir in Wirklichkeit zugefügt hat.« Nachdem ich den Film angeschaut hatte, weinte ich tagelang um das kleine Mädchen in mir, das ich damals nicht pflegen, nicht beschützen konnte. Also beschloss ich den Versuch zu wagen, meiner Mutter zu verzeihen. Die Bedeutung dieses Schrittes habe ich für mich verglichen mit der Entscheidung eines Alkoholikers, trocken zu werden. Es war eine

Herausforderung, der ich mich auf der Basis einer täglichen kleinen Ration an Erinnerungen heranwagte, wann immer diese meiner Seele entsprangen.

Es gab Tage, wo ich beim Saubermachen meiner eigenen Küche plötzlich innerlich den Wecker hören konnte, der nach zwanzig Minuten läutete. Dann spürte ich wieder diese Angst in mir, dass meine Mutter den Wecker ebenfalls gehört hatte und jetzt auf dem Weg in die Küche war, um zu überprüfen, ob ich meine Aufgaben richtig erfüllt hatte. Ich fühlte, wie die Tränen kamen, und sprach beruhigend auf mich ein: »Ich bin in meiner eigenen Küche hier in München und ich bin hier sicher.« Auch mit dem Aufhängen meiner Kleider habe ich seit dieser Zeit immer noch meine Probleme. Zum Glück kennt meine Haushaltshilfe mich gut genug, um sich niemals zu beschweren, wenn etwas herumliegt. Wie gesagt, ich glich einem Alkoholiker, der während des Entzuges ständig an seinen nächsten Drink denkt, sich aber dann doch daran erinnert, dass er eigentlich frei und trocken sein will. Genauso fühlte es sich an, wenn ich mir immer wieder selbst vorsagte: »Ich bin frei, frei von Hass und Verzweiflung, frei trotz der schlechten Erinnerungen, die immer noch in meiner Seele wohnen, frei von allen verbalen Misshandlungen, einfach frei!«

Meine Mutter konnte fluchen wie ein alter Seemann, also war ich als Mädchen mit allen möglichen Schimpfwörtern bedacht worden, von denen »Fräulein Schlampe« noch das harmloseste war. Mag sein, dass ich daher das Wort Schlampe nie zu einer anderen Frau sage. Um besser verstehen zu können, wo all diese Ausdrücke meiner Mutter ihren Ursprung hatten, nehme ich euch am besten mit zurück in ihre Kindheit. Durch einen Zufall erfuhr ich einst von einem alten Onkel, dass meine Großmutter ein eigenes Geschäft betrieben hatte. Ich hatte mich immer darüber gewundert, wie eine Afroamerikanerin in den 1920-ern in der Lage gewesen war, ein Grundstück zu erwerben und ihr eigenes Haus unten in Alabama zu bauen. Zu Weihnachten und Ostern schickte Großmutter mir und meinem Bru-

der immer Kleider. Die Sachen waren vom Feinsten und sie
kaufte stets in den teuersten Läden Alabamas ein. Ich liebte das
Haus meiner Großmutter, weil es fünf Schlafzimmer und zwei
Bäder hatte. Dazu ein großes Wohnzimmer, Küche, Speisekam-
mer, Esszimmer und einen riesigen Garten voller Pecanuss-
bäume. Es war ein Schock für mich, als ich herausfand, dass
diese zierliche, kaum einen Meter fünfzig kleine Dame eine eta-
blierte und knallharte Geschäftsfrau war. Mein Onkel erzählte
mir, dass Männer aus allen Teilen Alabamas kamen, um sich
von ihr unterhalten zu lassen, ein paar Tage in ihrem Haus zu
wohnen und eine Menge Alkohol zu trinken. Sogar meine Mutter sagte mir einmal, dass meine Großmutter gern ausschwei-
fende Partys geschmissen hatte. Nach diesem Gespräch mit
meinem Onkel wurde mir plötzlich klar, warum meine Mutter
Probleme mit ihrer eigenen Weiblichkeit gehabt hatte. Ich
konnte mir kaum vorstellen, wie es wohl gewesen sein musste,
in solch einem Umfeld aufzuwachsen. Großmutter besaß laut
meinem Onkel wohl auch eines der besten Rezepte für hausge-
machten Schnaps und nach und nach gingen mir immer mehr
Lichter auf, während in meinem Herzen eines zu erlöschen
schien.

Auf einmal entstand vor meinen Augen ein völlig neues Bild
meiner Mutter, wie sie all die Geheimnisse ihrer Kindheit zu
verbergen versuchte, indem sie diese Geheimnisse an mir ge-
waltsam entlud. Die ganzen Aussprüche wie: »Du erinnerst
mich an meine Mutter« oder »Du bist genau wie deine Großmutter« waren in Wirklichkeit ihr Ankämpfen gegen ihre eigenen Dämonen. Dieser Kampf äußerte sich in den wütenden Beschimpfungen gegen mich, obwohl sie eigentlich ihre Mutter
treffen wollte. Oh Gott, allein das wenige an Make-up, das wir
als Teenager verwendeten, musste ja zwangsläufig zu diesen
furchtbaren Streitereien und der Reaktion führen: »Wo willst
du mit dieser Hurenschminke in deinem Gesicht hin?« Jetzt
war ich soweit, alles ergab einen Sinn. Ich wusste, welchen Dämon meine Mutter bekämpfte, wusste, dass er so mächtig war,

dass sie nicht die Stärke gehabt hatte, ihn aus eigener Kraft zu besiegen: meine eigene Großmutter, möge sie in Frieden ruhen. Doch Mama Universum ließ meinen Onkel zum Glück lange genug am Leben, damit er mich auf die richtige Fährte bringen konnte. Nicht lange nach unserem Gespräch starb er, nicht ohne mir genau die Informationen zu geben, die mir jetzt erlaubten, meinem eigenen Pfad zu folgen. Denn es waren seine Worte, seine Weisheit und seine Wahrheit, die in Kombination mit der Familienhistorie in meinem Kopf meine Seele bald darauf für immer befreiten. Ich konnte meine Großmutter und ihr Geschäft verstehen und respektieren, denn welche anderen Möglichkeiten blieben ihr in diesen Zeiten, außer für andere weiße Menschen zu putzen, zu kochen oder deren Kinder zu erziehen.

Ich gab mir selbst das Versprechen, nicht eher von dieser Welt zu gehen, bevor ich nicht meine Seele von all diesem Schmerz und Kummer befreit hätte. Diese dunklen Geheimnisse hinter meinem Solar Plexus, tief in meinem Herzen, sollen nicht in mir verborgen bleiben. Ich möchte nicht wie meine Mutter an Brustkrebs sterben, weil sie es nicht geschafft hatte, ihrer Mutter zu vergeben. Ich glaube daran, dass manche Menschen nur deshalb Krebs bekommen, weil sie irgendetwas in ihrer Seele zurückhalten, das sie nicht loslassen können, und dass sie noch nicht bereit sind zu verzeihen. Ich sage das nicht ohne Grund. Nachdem ich die Leiden, Nöte, Schmerzen und Kämpfe meiner Mutter mit angesehen habe, wusste ich, dass sie niemals in der Lage sein würde, zu vergeben. So wundert es mich letztendlich nicht, dass sie an Brustkrebs gestorben ist. Vor ihrem Tod habe ich sie noch einmal besucht und versuchte, ihr zu vergeben, doch sie stritt weiterhin ab, mich misshandelt zu haben. Im Gegenteil war sie sogar bereit, mit mir darüber zu streiten. Doch ich ließ mich nicht darauf ein. Dieses Mal blieb ich stark, mutig und vor allem ruhig. Als ich wieder zurück nach Deutschland flog, stand sie bei unserem Abschied auf der vorderen Veranda von Großmutters Haus, während sie mir zuwinkte. Ich verließ sie mit dem Gefühl in meinem Herzen, dass ich, Elizabeth Liz

Howard, niemals mehr zulassen würde, unter einem Dämon meiner Kindheit oder einem von denen, den sie mir übertragen hatte, zu leiden. Die Zeit war gekommen, die Wahrheit zu akzeptieren, und die Wahrheit war, dass meine Mutter nie und nimmer in der Lage sein würde, die Worte »Es tut mir leid, vergib mir!« in den Mund zu nehmen, genauso wenig wie meine Großmutter diesen kleinen Satz je hatte zu meiner Mutter sagen können.

Tja, der Ball lag jetzt in meinem Hof, wie man in den USA so schön sagt. Das Erste, was ich nach meiner Rückkehr nach Deutschland tat, war, mit dem Schreiben eines Tagebuchs über meine Kindheit zu beginnen. Über den Schmerz, all die Schläge, all die schrecklichen Beschimpfungen und Drohungen, mit denen ich bedacht worden war, einfach alles, an was ich mich erinnern konnte. Dabei tat ich mein Bestes, das kleine Mädchen in mir jetzt endlich schreien, brüllen und weinen zu lassen, wenn es ihr guttat. Ich nahm mir vor, mindestens zwei Stunden pro Tag an meinem Tagebuch zu arbeiten. Dann, nach einigen Wochen, bemerkte ich schließlich eine Veränderung in mir. Durch das Aufschreiben und ständige Lesen meiner Erinnerungen begab ich mich nach und nach auf meinen Weg hin zur Vergebung und damit auch zurück zu Freiheit, Glück und Lachen.

Das Wichtigste aber war die Selbstliebe, die ebenfalls zurückkehrte. Ein wunderbares seelisches Erlebnis war das für mich, denn da ich abends viele Auftritte und tagsüber so viel Zeit hatte, konnte ich wertvolle Stunden mit mir selbst verbringen. Ich meditierte am Tag mindestens eine Stunde, manchmal sogar mehr. Beim Meditieren betete ich auch für meine Mutter, bat Mama Universum sogar darum, sie zu sich zu holen und sie von ihren Leiden zu befreien. Ich bemerkte, dass je mehr ich für meine Mutter betete und meditierte, meine eigenen Schmerzen nachließen. Langsam freute ich mich richtig auf meine Meditationsstunden, kaufte mir sogar ein schönes rosa und lila Meditationskissen, mit dem ich in der Sonne saß, während ich langsam mit positiven Gedanken in meinem Kopf ein- und ausatmete. **Es schien, als sei ich jeden Tag in der Lage, eine weitere winzige Schublade mit Seelenschmerzen, von denen so viele irgendwo in meinem Körper versteckt waren, zu öffnen und auszuräumen.** Genau wie ein Alkoholiker um die Kraft bittet, nicht mehr zu trinken, betete ich um die Kraft, nicht mehr zu hassen, sondern den Mut aufzubringen, das kleine Mädchen in mir zu befreien und loszulassen. Mein Körper begann sich zu verändern und meine Aura begann zu strahlen.

Dann starb meine Mutter, fast auf den Tag genau sechs Monate, nachdem sie mir von der Veranda aus zugewinkt hatte. Ich dachte: »Nun bin ich endlich frei.« Ich rief sogar meine Schwiegermami an, um ihr die gute Nachricht zu überbringen, dass meine Mutter gestorben war und ich endlich frei wäre. Ein wenig schämte ich mich schon darüber, so glücklich, wenn nicht sogar begeistert darüber zu sein. Obwohl ich nicht genau wusste, ob ich glücklich darüber war, dass meine Mutter gestorben war, oder darüber, endlich frei zu sein. Ich war so absolut überzeugt davon, das Richtige getan zu haben, die richtigen Werkzeuge verwendet zu haben, wie Meditation und Gebete, um letztlich auf den Weg der Vergebung zu gelangen. Ich sagte all meinen Freunden, dass ich es geschafft hatte, meiner Mutter zu verzeihen. Aber tief im Inneren gab es ein leises Flüstern, eine leise Ahnung, dass es doch noch nicht vorbei war. Ich war wie ein Drogensüchtiger, der allen erzählt, clean zu sein, auch wenn sein Körper immer noch die schmerzliche Sehnsucht nach Drogen hat, immer noch die Hoffnung auf einen weiteren Schuss. Ich verbrachte die nächsten drei bis vier Jahre damit, mich und alle anderen davon zu überzeugen, dass ich gewonnen hatte, weil ich den Mut gehabt hatte, zu vergeben.

Wie es wirklich stand, wurde mir erst klar, als eines Tages beim Zimmeraufräumen dieses unangenehme Gefühl wieder in mir aufstieg. Ich konnte den Geruch von Holzkohle wahrnehmen, der an meinem Lieblingsrock haftete, nachdem meine Mutter ihn verbrannt hatte, und wusste sofort: Ich musste noch weiter an mir arbeiten. Also begann ich wieder zu meditieren und meine Seele zu befragen: Was brauchte es noch, damit ich endlich in der Lage wäre, endgültig zu verzeihen und loszulassen? O.k., ich weiß, das klingt jetzt vielleicht verrückt, aber meine kleine Stimme flüsterte mir zu, dass ich jedes Mal, wenn eine solche Erinnerung aufstieg, einen tiefen Atemzug nehmen und zu mir selbst sagen sollte: **Ich verzeihe dir, ich verzeihe mir und ich verzeihe uns beiden.** Na gut, dann also: »Ich verzeihe dir, ich verzeihe mir und ich verzeihe uns beiden.« Ich habe es ausprobiert und es funktionierte. Wenn ich in der Küche war und das Gefühl entstand, sagte ich es. Wenn ich mein Schlafzimmer aufräumte und der Geruch von Holzkohle kam, sagte ich es. Wenn ich ein Lied hörte, das Erinnerungen zusammen mit Tränen brachte, sagte ich es: »Ich verzeihe dir, ich verzeihe mir und ich verzeihe uns beiden.«

Selbst jetzt, wenn ich diese Worte lese, kommt es mir so vor, als würde eine schwere Last von meinem Herzen genommen. Ich glaube, dass ich jetzt darüber weg bin, aber sicher werde ich es wohl nie wissen.

Letztes Jahr an meinem Geburtstag hörte ich wieder die Stimme in mir flüstern. Dazu muss ich euch, glaube ich, noch etwas erklären: Immer, wenn ich euch davon erzähle, dass ich ein Flüstern höre, meine ich damit ein Gefühl, ein sehr starkes Gefühl, das tief aus dem Inneren meines Körpers kommt. Einige von euch würden es weibliche Intuition nennen. Ich nenne diese Intuition meine kleine Stimme in mir, mein Flüstern, und natürlich ist es eine weibliche Stimme. (Außer, wenn ich um einen Parkplatz bete; dann antwortet eine sehr tiefe männliche Stimme.) Aber ich habe über viele Jahre der schweren Prüfungen und Leiden gelernt, sie nicht zu ignorieren, sondern dass es viel einfacher ist, auf sie zu hören. Mein Flüstern schlug mir also vor, dass ich auf die Stunde und den Tag genau, als ich geboren wurde, meditieren sollte. Kein Alkohol, keine Freunde, nur ich alleine mit meiner Lieblings-Bratapfel-Aromakerze und ruhiger Musik. So schaltete ich also Telefon und Handy ab, schloss meinen Laptop, setzte mich ruhig auf mein Meditationskissen, atmete und wartete auf den Zeitpunkt meiner Geburt, den 20. Juni um 12:50 Uhr Colorado-Zeit.

Wieder einmal trat ich meine Reise in die Vergangenheit an, doch dieses Mal sagte meine Stimme mir, ich möge meiner Mutter alles Gute zum Geburtstag wünschen und ihr danken für das Geschenk des Lebens, das sie mir gegeben hatte. Ich solle darum beten, dass sie dort, wo sie war, sicher, glücklich und umgeben von purer Liebe sei, und ich tat, was meine Stimme mir sagte. Für mindestens eine Stunde, wenn nicht länger, verlor ich mich vollkommen in meiner Meditation. Als ich aus meinen Gedanken wieder auftauchte, verspürte ich Gefühle der Glückseligkeit, Freude, Fröhlichkeit, Liebe, Stärke, Anmut und des Friedens. Daraufhin beschloss ich, jedes Jahr zu meinem Geburtstag diese Meditation zu wiederholen, bis heute.

Ich kann euch sagen, Mädels, es ist nicht einfach. Schlimmer als jede Diät, schlimmer als auf sein Lieblingsgericht zu verzichten. Viel schwieriger als zu erfahren, dass ihr nie wieder im Leben euren Lieblingsschokoriegel essen dürft. Diesen knusprigen, aus dunkler Schokolade, mit Mandeln, Nüssen, Karamell. Mhh! Ich sage euch auch, warum. Weil es viel einfacher ist, in einem gewohnten Verhaltensmuster aus Selbstmitleid, Hass, Ekel und Enttäuschung zu verharren, während ihr euch einredet, es nicht anders verdient zu haben. Für mich selbst war es wie eine Sucht, ich war regelrecht süchtig nach diesen Gefühlen, denen ich nachgab. Jetzt spüre ich, dass ich letztlich doch auf dem richtigen Weg bin. Dieses Jahr, während ich über Weihnachten in Spanien war, lief ich am Strand entlang und erinnerte mich an einen Traum der vorangegangenen Nacht über meine Mutter. Sie kam in Frieden zu mir und ich war glücklich, sie zu sehen. Wir schauten uns gemeinsam einen alten Modeschmuck an, den ich immer noch aufbewahrt hatte, und sie erzählte mir etwas darüber. Zum ersten Mal hatte ich einen friedlichen und glücklichen Traum über meine Mutter. Möge sie in Frieden ruhen.

Ich hoffe, dass ich euch inspirieren konnte, sollte es in eurem Leben jemanden geben, dem ihr verzeihen müsst. Erinnert euch daran, dass ich aus tiefstem Herzen daran glaube, dass Vergebung wirklich heilsam sein kann, dass Vergebung uns erlaubt, unseren Weg hin zu einem freieren, glücklicheren Leben zu gehen. Verzeihung ist der Dünger für die Seele, damit sie weiter wachsen und gedeihen kann, auf dass wir am Ende die Früchte der Freiheit und des Glücks ernten können. Ist das nicht cool?

»Ich verzeihe dir!« Vielleicht hattest du nicht den Mut zu sagen: Es tut mir wirklich leid. Vielleicht hattest du nicht den Mut zu sagen: Verzeih mir, wenn ich dich in der Vergangenheit enttäuscht habe. Für all die Tränen, die du verursacht hast, für all die verletzenden Worte, die du benutzt hast, um zu versuchen, meine Träume zu zerstören. Dafür, mir Dinge zu sagen, wie dass ich nicht gut genug bin oder dass ich zu dick bin. Mich auszulachen, zu schlagen, zu viel zu trinken. Mir zu sagen, dass meine Stimme nie gut genug sein würde, um zu singen. Aber vor allem, weil du nicht in der Lage warst, mein wahres Ich in mir zu erkennen. »Ich verzeihe dir!«

»Ich verzeihe mir!« Ja, ich vergebe mir dafür, dass ich mich in diese Situation gebracht habe, auch wenn es nicht meine Absicht war. Für alles, was ich getan habe, sollte ich dich in der Vergangenheit verletzt haben. Ich verzeihe mir, egal, was es war. »Ich verzeihe mir!«

»Ich verzeihe uns!« Ich verzeihe uns dafür, dass wir uns niemals gegenseitig die Wahrheit sagen konnten. Für die vielen, wirklich schrecklichen Worte, die wir uns gegenseitig an den Kopf geworfen haben, die wir jedoch nie so gemeint haben. Dafür, dass wir gegenseitig nie unsere Träume realisiert haben. Für all das Leid, das ich in unseren Herzen nicht sehen wollte. Dass wir uns ständig gegenseitig im Weg standen. »Ich verzeihe uns! Ich verzeihe mir! Ich verzeihe dir. Ich verzeihe uns!«

Parkplatzengel

Ich bin so dankbar für die Gelegenheit, euch alle kennengelernt zu haben. *Dankbar.* Was für ein wundervolles Wort das doch ist, dankbar. Jedes Mal wundere ich mich aufs Neue, wenn ich traurige Augen oder ein bekümmertes Lächeln sehe, ob diese Menschen denn nicht dankbar sind? Es ist so einfach, sich zu ärgern. Über die Arbeit, das Leben selbst, die Liebe und über die Kinder sowieso. Aber wann sind wir dankbar? Viel einfacher ist es, sich zu beschweren über Nachbarn, Lärm, Kollegen, den Partner oder das Wetter. Zu heiß, zu kalt, Mistwetter. Ja, los, beschwert euch! Aber wann zum Donnerwetter nehmen wir uns die Zeit, um Danke zu sagen?

In meinen Gospelkonzerten erzähle ich jedes Mal die Geschichte von mir und meinem Parkplatz. Ich verwende meine »Kleine-Liz-Stimme« und singe: »Papii! Ich bins, deine Li-iz! Du weißt, wie sehr ich dich liebe, ja? Kann ich bitte, bitte, *bitte* einen Parkplatz haben?« Ich gebe es zu, es ist mein kleines Geheimnis, das kleine Gebet, das ich auf der täglichen Suche nach einem Parkplatz in ganz München verwende. Und wieder kommt die kleine Stimme und flüstert, diesmal jedoch mit einem tiefen und warmen »Barry White«-Bass: Nach links, jetzt nach rechts und *zack!* Ihr habt es bereits geahnt: Liz bekommt ihren Parkplatz. Vor einiger Zeit war ich mit meiner Freundin Al im Auto unterwegs in Richtung Innenstadt, um einen Film im Kino anzuschauen. Wir fuhren nach Schwabing in Richtung Türkenstraße. Die Münchner unter euch ahnen bereits, dass es dort mehr als schwierig werden würde, überhaupt mit dem Auto irgendwo anzuhalten. Ich begann mein kleines Ritual, nach einem Parkplatz zu fragen, woraufhin Al mich mit einem Blick anschaute, als würde jeden Moment ein Trupp Sanitäter vorbeikommen und mir eine weiße Jacke mit extra langen Ärmeln verpassen, die man so schön auf dem Rücken zusammenbinden kann. Als ich ihr mit der kleinen Liz-Stimme erzählte, dass das meine Methode war, um einen Parkplatz zu bekommen, dachte sie bereits an den Wagen, der mit Blaulicht und Sirene zu uns unterwegs war. Als wir um die Ecke bogen, lag linker Hand bereits das Kino. Auf einmal lief eine Frau auf unser Auto zu und rief:»Sucht ihr einen Parkplatz? Ich fahre gerade weg!« Al war für einen kurzen Moment sprachlos und geschockt. Dann sagte sie mit ihrem ruhigen New Yorker Dialekt: »Ich muss das unbedingt mal ausprobieren!«

Ich war so dankbar für meinen Parkplatz. Denn immer, wenn ich einen benötigt habe, egal wie klein oder groß dieser (oft metaphorische) Parkplatz in meinem Leben auch sein mochte, zeigte er sich. **Denkt immer daran, dass eure Wünsche wahr werden können. Aber man muss immer wieder dankbar sein.** Das ist das wahre Geheimnis! Dann lächle ich und sage aus tiefstem Herzen und mit Liebe:»Ich liebe dich auch! Ich bin so dankbar!« Viele meiner Freunde haben mein Ritual mittlerweile übernommen, nachdem sie mit mir im Auto unterwegs waren und dieses Wunder miterleben durften. Auch wenn Fans die Geschichte in einem meiner Konzerte hören, bestätigen sie mir häufig hinterher per Mail, dass es mit dieser Technik funktioniert – und schreiben, wie dankbar sie für den Tipp sind. Im übertragenen Sinne gibt es immer wieder Situationen, wo wir alle dringend einen Parkplatz benötigen. Einen Platz, der uns die Möglichkeit gibt, aus der schnelllebigen Welt auszubrechen, auszusteigen und dankbar zurückzuschauen.

Es gab Zeiten in meinem Leben, als ich noch nicht einmal über Dankbarkeit nachdachte. Ich nahm die Dinge für selbstverständlich hin, wie sie kamen, in der Überzeugung, dass dies alles meins war und ich es auch verdient hatte, ohne überhaupt einen Gedanken an Dankbarkeit zu verschwenden. Doch dann hatte ich diese wunderbare Gelegenheit, in einem Musical zu singen. Eine der Schauspielerinnen, mit der ich die Chance hatte, zu arbeiten und von ihr zu lernen, hat mich dazu gebracht, dass mir schon wieder ein Licht aufging. Denkt jetzt bitte nicht, dass ich einen Werbevertrag mit einem Energieversorgungsunternehmen habe! Sie war so talentiert und witzig, doch jeden Abend, wenn wir in einem neuen Theater ankamen, um dort vor einem neuen Publikum in einer anderen Stadt zu singen, beschwerte sie sich. Während ich begeistert über die Bühne lief, blickte ich neugierig auf all die leeren Sitzreihen, bewunderte die ganzen Lichteffekte und fragte mich, wie die Vorstellung heute Abend wohl laufen würde und ob ich alle Textstellen und Hinweise im Kopf hatte. Danach suchte ich die Dame im Kostümverleih auf. Mit anderen Worten: eine neue Nacht, neue Energie, eine neue Bühne und eine neue Chance. Meine Kollegin jedoch als alter Profi war nie wirklich in der Lage, diese Konzertreise mit ihren vielen neuen Stationen zu genießen. Sobald jemand die Umkleideräume betrat, wo wir gerade unser Make-up auftrugen, begann sie damit, sich zu beschweren. Sie seufzte: »Na ja, mal sehen, wie das Publikum heute Abend ist.« Worauf ich erwiderte, dass die Band sich heute Abend toll anhörte, und sie antwortete: »Na ja, ich habe sie schon besser spielen hören.« Wenn ich sagte: »Wow, wir sind fast ausverkauft!«, war ihre Antwort: »Ja schon, aber da sind immer noch einige Plätze frei.« Es war wirklich seltsam, als ich entdeckte, dass schlechte Laune ansteckend ist. Denn nicht nur sie, auch die Hälfte der Kollegen beschwerte sich ebenfalls. Ich möchte jetzt wirklich nicht den Unschuldsengel spielen, denn wenn das Hotelzimmer eine Katastrophe ist, sollte man sich unbedingt beschweren. Keine Minibar, kein Zimmerservice? Liz würde das auf jeden Fall reklamieren. Aber dies hier war die Bühne und es ging um Kleinigkeiten, Dinge, die wirklich keine Rolle spielten.

Als ich von dieser Tournee zurückkam, gab ich mir selbst das Versprechen, jeden Tag mindestens einmal dankbar zu sein und es laut auszusprechen: Ich bin dankbar, dass die Sonne scheint. Ich bin dankbar für das Engagement, das ich heute bekommen habe. Dass ich mit meiner Freundin zehn Minuten telefonieren konnte, obwohl sie sehr beschäftigt ist. Dass ich gesund bin. Für die *Standing Ovations*. Für meine starke und gesunde Stimme. Dass ich mich an alle Textzeilen erinnert habe. Dass das Orchester meine Solos mit Liebe begleitet hat. Ich frage mich oft, wann wir endlich damit aufhören, uns andauernd über das Wetter zu beklagen. Ist es draußen angenehm warm und wir haben einen besonders herrlichen Sommertag geschenkt bekommen, dann »könnte es ruhig noch ein wenig wärmer sein«. Ist es dann mal so richtig heiß, höre ich andauernd: »Oh, es ist so heiß draußen!« Und wenn es dann regnet, sagen sie: »Was für ein Mistwetter!« So oder so scheinen sie niemals glücklich zu sein. Letztes Frühjahr nahm ich mir ein Taxi zu einem Meeting, ich war in bester Popo-Tag-Laune und die Sonne brannte vom Himmel wie selten. Es war ein richtig schöner Tag. Also fragte ich den Taxifahrer, ob seine anderen Gäste sich auch so über so einen wundervollen Tag gefreut hätten. Er erwiderte, dass sich alle darüber beschwert hätten, dass es viel zu schön sei für diese Jahreszeit. Und jetzt ratet: Zwei Tage später kam der Schnee zurück.

Wenn ich in meinen Vorträgen über Dankbarkeit rede, bitte ich die Teilnehmer oft, aufzustehen und mir etwas zu nennen, wofür sie dankbar sind. Ihr wärt überrascht, wie viele erst einmal ernsthaft nachdenken müssen, bevor ihnen etwas einfällt. Selbst wenn ich mit meinen Teenagern im Gospel-Chor arbeite, bitte ich sie um etwas, wofür sie dankbar sind. **Dankbarkeit ist Nahrung für unsere Seele.** Es erinnert uns daran, eine Auszeit zu nehmen von unserem hektischen Leben.

Die Dankbarkeitskur

Habt ihr jemals versucht, eine Dankbarkeitskur zu machen? Glaubt mir, es ist härter als jede normale Kur oder Diät. Als ob Ostern gekommen ist, wir die Fastenzeit hinter uns gebracht haben, aber unsere Lieblings-Osterschokolade mit der zarten Füllung aus Nougat und Eierlikör ausverkauft ist.

Als ich meine erste Dankbarkeitskur unternahm, war dies eine ernste Herausforderung für mich, meine Seele und vor allem für mein Umfeld. Genau wie sie erkennen, dass du einen Popo-Tag hast, spüren sie auch die Energie einer Diät oder Kur. Wenn ihr wollt, probiert es gerne einmal aus. Hier ist mein Rezept für euch:

Zuerst trefft die Entscheidung, dankbar sein zu wollen. Ihr müsst es wirklich wollen! Steckt eure Ziele nicht zu hoch. Ich habe mit drei Tagen begonnen. Wenn ihr glaubt, das wäre einfach, denkt noch mal darüber nach. Es muss eine Entscheidung aus eurem Herzen heraus sein. Morgens beim Aufwachen müsst ihr euch endgültig entscheiden und dann laut sagen: **»O.k., für die nächsten drei Tage will ich ausschließlich dankbar sein.«** Dann geht es los. Es bedeutet beispielsweise, dass ihr auf dem Weg zur Arbeit nicht hupen dürft, wenn euch ein Fahrzeug schneidet. Auch nicht fluchen und dem Fahrer einen Vogel zeigen. Nein, ihr müsst lächeln und denken, ich bin dankbar, dass mir nichts geschehen ist. Wenn ihr auf die nächste U-Bahn wartet, und die Person hinter euch rammt euch den Regenschirm in den Knöchel, dürft ihr nicht böse sein. Ihr müsst denken: Ich bin dankbar dafür, trockene und warme Füße zu haben. Oder ich bin dankbar für meine pünktliche U-Bahn. Das sind nur einige Beispiele, wie es beginnt.

Jetzt folgt Stufe zwei: bei der Arbeit. Ihr betretet das Büro mit einem vergnügten »Guten Morgen«, geht in die Küche, woraufhin ihr feststellen müsst, dass es keinen Kaffee mehr gibt! Jemand hat die letzte Tasse Kaffee genommen und keine frische Kanne aufgesetzt. Jetzt seid ihr dran. Lasst euch etwas einfallen,

wie z.B.: Ich bin dankbar, dass ich weiß, wie man eine Kaffeemaschine bedient. Danach geht ihr mit der frischen Tasse Kaffee an euren Schreibtisch. Der erste Anrufer des Tages ist der
ewig nörgelnde Kunde, der besonders morgens oft schwierig ist.
»Zefix, jetzt ruaf i scho zum dritten Moi oh. Des Glump laft scho
wieda ned«, und er beginnt sich zu Unrecht zu beschweren,
spuckt Gift und Galle, obwohl ihr genau wisst, dass er wieder
vergessen hat, einen bestimmten Knopf zu betätigen. Ihr jedoch
atmet glücklich einmal tief ein und sagt zu euch selbst: »Ich bin
dankbar, dass mein Gehör heute Morgen so außergewöhnlich
gut funktioniert.« Und vergesst nicht auszuatmen, wenn ihr
den Hörer wieder auflegt. Dann sagt etwas anderes, wofür ihr
dankbar seid.

Diese Kur verlangt von euch, stark genug zu sein, um alle
Komplikationen in eurem Leben für die nächsten drei Tage zu
ertragen. Jedes Mal, wenn sich eine Komplikation oder Herausforderung ergibt, lächelt, nehmt einen tiefen Atemzug und sagt,
wofür ihr in diesem Moment dankbar seid. Ich kann mir vorstellen, wie einige von euch beim Lesen gerade den Kopf schütteln und sagen: »Keine Chance! *No way, José*! Was soll das denn
bringen?« Warum solltet ihr euch die Mühe machen? Warum
sollte ich sagen, dass ich dankbar für etwas bin, wo ich mich
doch eigentlich beschweren will? Vielleicht denkt ihr, es würde
genügen, wenn ich ab und zu einmal danke sage, und ansonsten
lass mich in Ruhe, Liz!

Also, hier ist meine Wahrheit mit Liebe: **Diese Dankbarkeitskur hat vom ersten Tag an mein Leben verändert.** Und nicht nur
das. Auch die Einstellung der Menschen um mich herum begann sich zu ändern. Nach drei Tagen erfolgreichen Kurens erhielt ich Anrufe für meine großartige Arbeit. Jemand Neues trat
in mein Leben, der mir bei meinen Reiseplanungen behilflich
sein wollte. Ich fühlte mich positiver, war besser drauf und gesünder. Ich hatte sogar mehr Energie. Die positivste Sache war,
dass die Kreativität nur so aus meinem Körper zu fließen begann wie ein Springbrunnen! Meine Ideen waren intensiver

und diese kleine Stimme in mir, mein Flüstern, war stärker und leichter zu hören!

Probiert es aus, was habt ihr zu verlieren? Versucht es einmal so, wie ihr schon etliche Diäten, Kuren und andere Programme getestet habt. Selbst ein Tag genügt vollkommen für den Anfang. Wenn ihr den geschafft habt, könnt ihr einen zweiten und dann einen dritten Tag dranhängen. Aber nicht vergessen: Es muss eine Entscheidung tief in eurer Seele sein, dass ihr bereit dafür seid. Genau wie bei einer Diät: Erst muss euer Herz und auch euer Verstand bereit dafür sein, etwas Neues auszuprobieren. Nun viel Spaß dabei. Auch hier könnt ihr zur Erinnerung ein paar Post-Its anfertigen, für den Computer, den Badezimmerspiegel, den Geldbeutel, das Armaturenbrett oder die Rückseite der Fahrkarte. »Heute bin ich dankbar für …«?

Tante Bessies Schokoladekuchen

Dies ist das beste Rezept, um ein Friedensangebot zu unterbreiten. Vielleicht müsst ihr einmal jemanden um Verzeihung bitten, dann ist dieses Rezept genau die richtige Beigabe. Der Trick funktioniert eigentlich bei jedem. Wie wir alle wissen, führt der beste Weg zum Herzen eines Menschen auf jeden Fall durch den Magen!

- 500 g Mehl
- 500 g Zucker (geht schon gut los, oder?)
- 125 g Schmalz, weich
- 75 ml Wasser
- 200 ml süße Sahne
- 1 TL Backpulver
- 1 TL Salz
- 2 TL Vanille
- 2 EL Kahlúa Kaffeelikör
- 1 TL Backpulver
- 3 Eier
- 200 g ungesüßte Schokolade

Wenn der Ofen nicht noch heiß ist vom Apfelkuchen aus dem ersten Kapitel, heizt ihn wieder auf 180° C auf. Nehmt wieder die Glasauflaufform her, die Äpfel sollten eigentlich schon aufgegessen sein.

Mischt das trockene Zeug zusammen. Schlagt ein Ei hinein, dann ein wenig Sahne, Wasser und Schmalz. Rühren. Wiederholen, bis alle drei Eier und alles an Wasser, Sahne und Schmalz mit dem Trockenen verrührt sind. Dann Vanillezucker, Kahlúa und die im Wasserbad geschmolzene Schokolade dazu mischen und unter starkem Rühren den Teig so richtig in Schwung bringen. Vier Minuten sollten es schon sein, damit alles gleichmäßig verrührt ist. Schüttet den fertigen Teig in die Form und backt den Kuchen 40 bis 45 Minuten. Wenn der Teig beim Berühren nachgibt und wieder zurückfedert, ist er fertig. Ein Profi macht das mit dem Finger; die etwas

Ungeübteren halten schon einmal das Brandwundenspray bereit. Ihr habt genau zehn Versuche.

Jetzt die Glasur:

- 2 EL weiche Butter
- 1 ½ gehäufte EL Kakaopulver
- 300 g Puderzucker
- 3 EL Milch
- 1 TL Kahlúa
- 1 Vanillestange

Mischt eure geschmolzene Butter mit dem Kakaopulver zusammen im Wasserbad. Schlitzt die Vanillestange auf und kratzt die Vanille heraus und gebt sie langsam dazu. Hebt jetzt vorsichtig Puderzucker, Milch und Kahlúa unter und rührt mit Liebe und Vergebung. Die Glasur sollte eine schöne dicke Konsistenz haben. Wenn ihr meint, dass sie zu dick ist, könnt ihr immer noch ein wenig Wasser oder Milch dazugeben.

Ich beginne meine Glasur immer ca. 15 Minuten, bevor der Kuchen fertig ist. Sie lässt sich am besten aufstreichen, wenn der Kuchen frisch aus dem Ofen kommt.

So. Alles, was ihr jetzt noch braucht, ist eine Flasche Champagner, euren Schokoladekuchen und natürlich die richtigen liebevollen Worte der Weisheit und Vergebung.

Soulfood Wünsche

von Frauen für Frauen

Some day I'll wish upon a star

Die letzten Monate habe ich viele Frauen befragt, was sie sich von und für andere Frauen wünschen. Hier findet ihr die Sammlung der stärksten Wünsche.

Ich wünsche mir und anderen Frauen den Ausstieg aus dem Perfektionismus.

Sagt mir bitte, wenn meine Wimperntusche verschmiert ist! Besonders dann, wenn ich mich vielleicht noch mit dem netten Nachbarn unterhalten möchte!!!

Ich wünsche mir von Frau zu Frau mehr Respekt untereinander.

Ich wünschte, ich würde mich daran erinnern, wenigstens einmal am Tag dankbar zu sein, und dann an jedem weiteren Tag für den Rest meines Lebens.

Ich wünsche mir: Frauen, hört auf zu denken, dass andere Frauen nur schlecht über euch denken.

Ich wünsche mir, dass die nicht berufstätigen Mütter die Frauen, die neben ihrem Vierundzwanzig-Stunden-Mutter-sein-Job auch noch einen anderen Beruf ausüben, nicht verurteilen oder belehren, sondern respektieren.

Ich wünsche mir mehr Selbstvertrauen, mehr Selbstliebe, mehr Mut zum ICH. Schaut nicht, was die anderen besser haben, tun, besitzen – fangt bei euch an: Was habt ihr, was tut ihr, was besitzt ihr?

Ich wünsche mir ein Miteinander ohne Neid, Missgunst und Eifersucht!

Ich wünsche den Frauen, meinen Schwestern, den Göttin-
nen, dass sie sich nicht auf das reduzieren, was sie gerade
machen, sondern sich an dem erfreuen, wer sie gerade sind.

Ich wünsche jeder Frau auf dieser Welt, dass sie ihren Körper
akzeptiert und lieben lernt.

Ich wünsche mir, dass die Frauen aufhören, sich gegenseitig
klein zu machen, und aufhören, sich unter Druck zu setzen.
Schöner, jünger, dünner ist das Motto und dabei vergessen
viele, was sie eigentlich selbst wollen. Und ob das ihrer
Seele entspricht. Frauen sollten sich gegenseitig unterstützen und erkennen, dass sie gemeinsam stärker sind, statt in
einen Konkurrenzkampf zu treten.

Ich wünsche mir, dass wir Frauen uns gegenseitig nicht so
stark auf unser Aussehen reduzieren und darauf, dass wir
allen gefallen wollen/sollen.

Mein Wunsch für alle Mütter, die jemals auf diesem Planeten
gelebt haben und leben werden, ist folgender:
Für jede Frau, die bereit ist oder auch unwillentlich dem
Leben erlaubt, sich in ihrem Leib zu entwickeln (ob nun über
die vorgesehene Zeit oder vielleicht auch nur für eine kurze
Zeit) wünsche ich von ganzem Herzen, dass sie, wenn auch
nur in ihrem Herzen, ein Zeichen der Wertschätzung und
Dankbarkeit von unserem göttlichen Schöpfer erhält; dafür,
dass sie Mitgestalterin innerhalb dieser Raum-Zeit-Realität
ist, um diesen Planeten mit Seelen zu bevölkern, die schließlich im Wesentlichen zu ihrer Quelle zurückkehren.

Ich wünsche mir, dass wir Frauen gemeinsam Spaß haben
können (beim Sport, beim Blödsinn machen etc.), ohne
ständig daran zu denken, wie wir dabei aussehen und wie
wir dabei wirken!

Ich wünschte, meine Schwestern würden ihre Angst überwinden und aufhören, ihre Ehemänner in meiner Gegenwart zu markieren wie eine Katze, nur weil ich zufällig Single bin.

An all die Frauen, die innerlich »gehalten« sind: Manchmal begegne ich Frauen, die strahlen Angespanntheit aus! Ich wünsche mir dann, dass es ihnen gelingen möge, sich innerlich zu lösen und zu erkennen, sich selbst als Strahlen zu sehen!

Ich wünschte, europäische Frauen würden aufhören, mich (als schwarze Frau) zu fragen, ob mein Haar echt ist oder nicht. Ist euch klar, dass man diese Frage damit vergleichen könnte, eine andere Frau nach ihrem Gewicht zu fragen? Und ob sie es anfassen dürfen!

Ich wünsche mir, dass Frauen aufstehen, sich umarmen, wertschätzen und unterstützen.

Ich wünsche mir, dass alle Frauen auf der Welt kreativ sein und alles erschaffen können, was sie wollen.

Ich wünschte, andere Frauen würden aufhören, auf meinen großen Hintern zu starren und mir das Gefühl zu vermitteln, als Frau versagt zu haben.

I wish that all women would be a real sweetie and wipe off their seaties after pee pee in a public place, for another woman! (Bitte wischt hinterher den Toilettensitz sauber!)

Als Nachschlag: »Lagniappe«

Lasst uns am Ende noch einmal zurückkehren nach New Orleans. Wir schlendern über den French Market. Wenn wir dann an einem Stand ein Kilo Äpfel gekauft haben, bekommen wir Leute aus Louisiana in der Regel ein Lagniappe (sprich: Länyäp) dazu. Das ist ein kleines Geschenk, eine Dreingabe aus Dankbarkeit von unserem freundlichen, aber lauten Verkäufer, der uns mit seinem Louisiana-Charme und seinem ausgesuchten Südstaatenslang an seinen Stand gelockt hatte. Mein Lagniappe an euch ist mein Dank an all die Menschen, die zu diesem Buch in irgendeiner Weise beigetragen haben und an alle, die es noch weiterempfehlen werden. Als zusätzliches Lagniappe, denn ihr sollt ja spüren, dass ich sehr dankbar bin, kommt als letztes Zeichen eines meiner Lieblingsrezepte meiner Kindheit. Schreibt mir eine Mail an speak@soulfood-seminars.com, dann schicke ich euch das Rezept für ein sensationelles Süßkartoffelgericht: echtes Soulfood mit besonders vielen Kalorien, falls ihr mal eine Extraportion Zucker brauchen solltet.

So meine Lieben, es ist also vollbracht! Ich wünsche mir so sehr, dass ich euch mit diesem Buch inspirieren und eure Seelen berühren konnte. Sollte ich jemandem von euch auf die Zehen getreten sein, so war das nicht meine Absicht. Ich wollte euch zum Lachen bringen, zum Weinen vielleicht auch ein wenig. Auf jeden Fall zum Nachdenken über andere weibliche Wesen, ob im Beruf, im Freundeskreis, in der Nachbarschaft oder auch nur auf dem Weg zum Einkaufen, wenn euer Blick zufällig eine andere Frau streift. Ich bin euch sehr dankbar, dass ihr dieses Buch gelesen habt und etwas in euch vielleicht die Frage stellt: Wer ist diese Frau, diese Liz Howard? Was meint sie wohl damit, dass Eva immer noch mit Äpfeln werfen könnte? Wie konnte sie auch nur einen Moment daran denken, nach Adam damit zu werfen? Ich hoffe, mein Buch hat euch eine Antwort darauf gegeben, warum es manchmal besser gewesen wäre, diese Äpfel mit aller Kraft zu werfen – natürlich nur die weichen, fauligen und wurmigen; wir wollen ja niemandem ernsthaften Schaden zufügen.

Meine Wahrheit mit Liebe für euch ist, dass dies eine wichtige Reise für meinen Körper und meine Seele war. Ich danke euch, dass ich so ehrlich mit euch sein durfte. Es kommt mir so vor, als hätte dieses Buch auch bei mir selbst eine längst vergessene Tür zu meinem Herzen geöffnet, von der ich niemals geglaubt hätte, dass sie jemals wieder aufgehen würde. Das Schreiben ermutigte mich dazu, zielorientiert und zuversichtlich hinsichtlich meiner wahren Bestimmung zu bleiben, nämlich Seite an Seite mit euch meinen Weg zu gehen und von euch allen immer wieder zu lernen und daran zu wachsen. Es gab auch Zeiten der Schlaflosigkeit, in denen ich mich mit dem Gedanken trug, vielleicht zu weit gegangen zu sein. Doch indem ich mir immer wieder eure Gesichter da draußen vor Augen hielt, hörte ich die Stimme in mir sagen: Es ist richtig und gut! Oder ich kicherte stundenlang bei dem Gedanken über den Alarm in der Sauna oder meine Käsefreunde in der Auslage.

Natürlich würde ich gerne wissen, wie ihr euch fühlt. Habt ihr euer Visionboard schon aufgehängt, seid ihr nach Längerem einmal wieder ins Training gegangen oder zum Joggen? Habt ihr einen alten Freund angerufen, jemanden um Verzeihung gebeten oder wart ihr mal wieder in der Sauna? Ich wünsche euch dabei jedenfalls viele wundervolle neue Erfahrungen, was immer euer nächstes Vorhaben sein mag. Wichtig ist nur eines: Tut es, bleibt dran. Sollten wir uns irgendwann irgendwo begegnen, würde ich gerne mit euch darüber reden, doch dafür bräuchten wir ja ein gemeinsames Soulfood-Erkennungszeichen, da ich euch noch nicht kenne. Wie wäre es, wenn ihr mir bei einer zufälligen Begegnung einfach laut zuruft: »Liz, shake your shimmy, my sista, ha!« Dann werde ich euch erkennen und wir werden bestimmt beide unseren Spaß haben, während alle um uns herum verwundert schauen und den Kopf schütteln. Also traut euch, nur nicht zu schüchtern! Ihr könnt natürlich auch auf meine Website gehen oder mir eine Email schreiben unter:

speak@soulfood-seminars.com. Was hat euch inspiriert? Was hat euch für einen Augenblick den Atem geraubt? Auch Kritik ist natürlich herzlich willkommen, sollte euch etwas absolut nicht gefallen haben.

Augenblicklich plane ich auch noch eine Musik-CD passend zum Buch. Was meint ihr, wäre es hilfreich, zu meinem Buch auch die passende Musik zu hören und sie als Erinnerung und Motivation auf euren mobilen Abspielgeräten oder im Auto anzuhören?

Und was denkt eigentlich die Männerwelt? Habt ihr es heimlich gelesen oder das Buch in der Öffentlichkeit mit einem anderen Buchumschlag eingeschlagen? Ich sehe euch vor meinem geistigen Auge mit meinem Buch schon in der S-Bahn sitzen mit einem Buchrücken der Biografie von Helmut Schmidt oder einem Reparaturhandbuch für den 1976er-Porsche.

Total gespannt bin ich auch auf euer Feedback zu meinen Rezepten. Habt ihr sie schon alleine, mit Freunden, Familie oder eurem Liebhaber nachgekocht?

Bitte erlaubt mir auch ein paar Dankesworte an einige sehr starke Frauen, die mir während dieser Soulfood-Herausforderung zur Seite gestanden haben. Zuallererst Dagmar, vielen, vielen Dank, dass du mir erlaubt und ermöglicht hast, meine Wahrheit niederzuschreiben. Ich bin überzeugt davon, dass Menschen nicht ohne Grund zu einem bestimmten Zeitpunkt in mein Leben treten, und bei dir waren der Zeitpunkt und der Grund deines Erscheinens einfach perfekt, ja geradezu gigantisch. Vor allem für deine ehrlichen Worte und deine Ermutigungen ein riesiges DANKESCHÖN.

Und an Gerald, oh, natürlich weiß ich, dass du keine Frau bist. Aber eines muss ich dir sagen: Mama Universum hat dich mit einer wundervollen weiblichen Ader gesegnet. Ich bin so dankbar, dass ich damals auf ihre leise Stimme gehört habe, als sie sagte:»Frag Gerald!« Vielen lieben Dank und ich freue mich schon auf unser nächstes Projekt. Danke auch an deine Frau, dass sie dich mit mir geteilt hat.

Mein Dank gilt auch allen Frauen für die wundervollen, tiefgründigen und bezaubernden Wünsche, die sie mir zugeschickt haben. Ich bin so dankbar für die Zeit, die ihr euch genommen habt, um die Worte in euren Seelen reifen und tanzen zu lassen, bevor ich diese vielen tollen Zeilen erhalten durfte. Christine, Al, Silke, Michelle, Heike, Silvia, Johanna, Dr. Amore, Kunji und Karl. Ihr seid die Besten!

Orla, nie werde ich unser Fotoshooting vergessen, solange ich auf dieser Welt sein darf. Danke für die schönen Bilder. Jedes Mal, wenn ich künftig die späte Nina Simone höre, werde ich lächeln und dankbar sein, dass du ein Teil meines Lebens bist. Dabei darf ich natürlich meine Apfelverkäuferin nicht vergessen, die jede einzelne ihrer vielen Kisten durchforstet hat, um mir kurz vor den Fotoshooting noch die allerschönsten Äpfel zu verkaufen, die ich jemals gesehen habe.

Für alle, die sich mit mir die Zeit für ein Interview genommen haben: Eure Weisheit und eure Erfahrungen waren so wichtig und hilfreich, nicht nur für mein Buch alleine, sondern auch vor allem für mich und meine Leser. Ich habe so viel von euch allen gelernt und ich bedanke mich für eure Wahrheit.

Und vielen Dank Marcus und deinem Team von www.brainfloor.com. Leute, ihr seid echt klasse. Es sind die wirklich großen Denker dieser Zeit, die solche grandiosen Geschäftsmodelle entwickeln.

Ein großes Dankeschön geht an den runden Tisch von Kösel, ich weiß, es war nicht immer einfach, an meine Ideen zu glauben, aber ihr habt es getan! Nicht einfach war es letztendlich auch für meinen engen Freundeskreis, der sich so überaus rücksichtsvoll zurückzog und mir so die Möglichkeit gab, mich auf diese Aufgabe zu konzentrieren. Dankeschön – ich bin jetzt wieder da, ihr könnt rauskommen und euch wieder zeigen.

Zum Schluss: Sollte ich jemanden von euch in all dem Trubel vergessen haben zu erwähnen, fühlt euch hier und jetzt angesprochen: DANKE!